창의성

Creativity:
Ethics and Excellence in Science

by

Mike W. Martin

First published in the United States by Lexington Books, Lanham, Maryland U.S.A.

창의성

과학과 윤리의 융합

마이크 W. 마틴 지음 | 노희정 옮김

서광사

이 책은 Mike W. Martin의 *Creativity: Ethics and Excellence in Science*(Lexington Books, USA, 2007)를 완역한 것이다.

창의성: 과학과 윤리의 융합

마이크 W. 마틴 지음
노희정 옮김

펴낸이 | 김신혁, 이숙
펴낸곳 | 도서출판 서광사
출판등록일 | 1977. 6. 30.
출판등록번호 | 제 406-2006-000010호

(413-756) 경기도 파주시 교하읍 문발리 534-1
Tel: (031) 955-4331 | Fax: (031) 955-4336
E-mail: phil6161@chol.com
http://www.seokwangsa.co.kr | http://www.seokwangsa.kr

옮긴이와의 합의하에 인지는 생략합니다.

제1판 제1쇄 펴낸날 · 2012년 02월 29일
제1판 제2쇄 펴낸날 · 2014년 03월 10일

ISBN 978-89-306-2086-4 93160

나의 아내 섀넌(Shannon)과

사랑스런 두 딸 소니아(Sonia)와

니콜(Nicole)을 위해 이 책을 바칩니다.

옮긴이의 말

'융합'이 시대의 화두로 떠오르고 있다. 지금은 한 분야의 전문 지식만으로는 해결하기 어려운 문제들이 양산되는 '지식 융합'의 시대이기 때문에 융합형 인재를 양성해야 한다는 주장이 힘을 얻고 있다. 공학적 지식만이 아니라 인문과학적, 사회과학적, 예술적 지식들을 최대한 활용해야 훌륭한 IT제품을 생산할 수 있듯이, 융합의 능력과 도덕성을 갖춘 창의적인 인재만이 새 시대의 리더가 될 수 있다는 것이다. 그래서 요즘은 초등학교에서도 혁신교육, 창의 인성교육, 융합형 STEAM(Science, Technology, Engineering, Arts and Mathematics) 교육의 열풍이 불고 있다.

그런데 융합이란 과연 무엇일까? 여러 사물을 물리적으로 결합하는 것이 통합이고, 여러 사물을 녹여 화학적으로 결합하는 것을 융합이라 한다. 서로 다른 분야의 개념들을 녹여 하나로 묶는 융합의 과정은 새로운 아이디어를 요구하기 때문에 융합은 곧 창의성을 바탕으로 한다고 할 수 있다. 이런 맥락에서 볼 때, 현대 과학은 분명 창의성과 예술과 윤리의 기반 위에 성립할 수 있으며, 과학적 사고력을 지닌 인간은 과학적 통찰력뿐만 아니라 인문학적 상상력과 예술적 감성을 고루 갖춘 인간이라 할 수 있겠다.

마틴(Mike W. Martin) 교수의 책, 『창의성: 과학과 윤리의 융합』(*Creativity: Ethics and Excellence in Science*)은 창의성을 매개로 한 과학에 대한 윤리학적 접근을 시도한 책으로서 과학적 통찰력, 인문학적 상상력, 예술적 감성을 키우는 데 적합하다고 할 수 있다. 와이스버그(R. W. Weisberg)는 가치란 시간이 흐르면서 변할 수 있고 가치를 인정받는 혁신이든 인정받지 못한 혁신이든 산출과 관련되는 인지적 과정이 서로 다르지 않다는 이유에서 창의성의 개념 정의에 가치를 포함시키지 않는다. 하지만 마틴은 창의성에 가치를 포함시킨다. 그는 창의성이란 새롭고 가치 있는 산출물을 만들거나 발견하는 것이라고 개념 규정한다. 이런 관점은 자연스럽게 과학적 창의성은 도덕적 창의성을 포함하게 되는 것이다.

사실 옮긴이는 초등 예비교사를 가르치는 도중에 도덕적 창의성에 대해 관심을 가지게 되었다. 그 과정에서 도덕적 창의성을 다룬 마틴 교수의 『창의성: 과학과 윤리의 융합』을 강의 교재로 사용하게 되었고 이렇게 번역까지 하게 되었다. 비록 도덕교육 방법론을 모색하는 차원에서 읽은 책이지만 이 책은 교육 방법론뿐만 아니라, 창의성 일반, 전문직 윤리, 과학철학, 윤리학 등 여러 분야의 연구에 도움을 줄 수 있다고 본다. 이 책은 비록 분량이 적지만 창의성과 윤리학의 관계, 창의성의 의미, 과학적 창의성과 도덕적 창의성의 개념, 동기화의 역설, 발견과정에서의 행운, 과학 분야에서의 부정행위, 지식의 금지, 리더십과 창의성, 창의적인 가르침, 좋은 삶과 지적 덕 등 과학, 예술, 윤리의 상호 관계에 대해서 심도 있게 논의를 펼치고 있다. 창의적 발견으로 노벨상을 수상한 과학자를 포함해 수많은 과학자들의 발견과 발명, 창의성 관련 연구를 한 수많은 학자들의 사상과 관점, 그리고 여러 윤리학자들의 이론들을 다루고 있는 이 책은 적은 분량에 비해 읽기가 수월하지만은 않다. 그래서 옮긴이는 저자의 입장이 가능한 한 훼손되지 않는 선에서 일정 부분 의역을 했으며, 보충이 필요하다고 생각된 부분은 [옮긴이 주]를 달아 독자의 이해를 돕고자 했다. 이 점 독자들께서 양지해주시길 바란다.

이 책이 나오기까지는 많은 분들의 도움과 노고가 있었다. 그 누구보다도 2011학년도 2학기 윤리교육과 심화과정 강좌를 통해 함께 수고한 3학년 학생들과 번역을 도와준 김남수, 김정재, 민선영 학생 그리고 까다로운 타이핑 작업에도 마다하지 않고 즐거운 마음으로 기꺼이 도와준 안다미 학생에게도 이 지면을 빌어 고마움을 전한다. 그리고 그 누구보다도 책이 나오기까지 격려를 아끼지 않은 아내와 힘든 시기에 전방에서 국방의 의무를 담당하고 있는 아들에게도 고마움을 전하고 싶다. 마지막으로 이 책을 출판하기까지는 서광사의 정순용 부장님의 힘이 너무나 컸다. 출판 불황기임에도 역자의 번역 제의를 흔쾌히 받아들여 이렇게 책을 출간하도록 도움을 주어 감사의 말씀을 올린다. 그리고 난삽하기 짝이 없는 원고를 처음부터 끝까지 꼼꼼히 읽고 하나하나 교정해주신 편집부의 송신지 선생님과 다른 편집자 분들께도 진심으로 감사드린다.

2011년 12월

옮긴이 노희정

차례

서문

창의성은 과학기술 분야에서 매우 중요한 주제 중의 하나지만 과학자, 공학자, 물리학자들은 창의성을 '전문직 윤리학'[1]의 주제로 다루지는 않는다. 이는 여타의 과학에 기반을 둔 전문직에서도 마찬가지다. 그 이유는 무엇일까? 아마 이는 창의성이 지능과 마찬가지로 도덕과 무관하게 선이나 악으로 설명될 수 없는 특성을 지닌다고 생각하기 때문일 것이다. 다시 말하면, 윤리학은 모든 사람과 전문직 종사자들에게 부과되는 일반적인 도덕적 요소로 구성되어 있지만, 창의성은 소수 행운아들의 재능이라고 간주되기 때문이다. 나는 이러한 가정들에 대해 반대한다. 나는 과학적, 기술적 창의성이 새롭고 도덕적으로 가치 있는 것을 산출하는 행위나 덕인 도덕적 창의성을 구성한다고 생각한다. 과학과 과학에 기반을 둔 전문직 활동은 인간의 행복을 증진하며 환경을 향상시키고 우리의 이해를 풍부하게 하며 과학자들이 과학적 작업을 통해 발견한 의미

1 옮긴이 주: 전문직(profession)은 단순한 생업(occupation)이나 일거리(job)와는 달리, 전문가로서 활동하기 위해 요구되는 조건 및 특성에 의해 정의될 수 있다. 다시 말하면, 전문직은 전문적인 지식과 기술을 독점적, 배타적으로 사용할 수 있는 학문적 직업이나 지적 직업이며, 그 종사자들은 전문적 조직을 매개로 활동하며 공동선을 위해 노력한다. 이러한 맥락에서 옮긴이는 'professional ethics'를 우리에게 다소 친숙한 '직업윤리'로 번역하지 않고 '전문직 윤리'로 번역하였다.

를 심화시킨다. 하지만 과학적 창의성은 이러한 모든 영역에 해악을 끼칠 수도 있다. 바로 이 두 가지 이유 때문에 창의성은 과학 영역과 과학 윤리의 영역에서 연구할만한 가치가 있는 주제라 할 수 있다.

제1장, '창의성과 윤리학'은 이상(ideal), 덕(virtue), 개인적 의미, 그리고 좋은 삶, 더 나아가 윤리학의 양식에서 언급되는 책임을 포함하여 전문직 윤리학에서 다루는 폭넓은 개념을 설명한다. 창의성은 의무라기보다는 이상이다. 따라서 전문직 윤리학이 모든 전문직 종사자들이 지켜야 하는 의무로 환원된다면, 이는 거부될 것이다.

제2장, '창의성의 의미'는 창의성을 새롭고 가치 있는 것을 의도적으로 산출하는 것으로 개념 규정한다. 이러한 과학적 산출물은 중요한 진실, 문제의 해명, 유용한 기술을 함축한다. 과학적 창의성은 도덕적 목적에 의해 동기화되지 않았을지라도 인간의 가치와 환경의 가치에 기여하면 도덕적 창의성으로 규정될 수 있다. 결국 과학적 창의성과 예술적 창의성은 서로 유사하다고 할 수 있다.

제3장, '지적 덕'은 덕이 어떻게 도덕적 창의성에 기여하는지 검토한다. 여기서는 인내와 자존감 같은 일반적인 도덕적 덕을 다루는데, 특별히 진리에 대한 사랑, 참다움, 지적 겸손, 그리고 지적 용기와 같은 지적 덕을 다룬다. 창의적인 행위가 덕의 성격보다 오히려 성취적이라 하더라도, 창의성에 헌신하고 창의적인 경향성이 도덕적 목적과 결합한다면 이는 도덕적 덕이 된다.

제4장, '동기화의 역설'은 지금까지의 입장을 바꾸어 바람직한 결과가 항상 덕과 관련이 있지는 않다는 것을 강조한다. 다른 분야처럼 과학 분야도, 도덕과 무관한 동기는 극적인 도덕적 결과를 산출할 수 있다. 이러한 창의성의 역설은 도덕적 가치와 도덕과 무관한 가치가 과학 분야에서도 융합되어 있다는 것을 강조한다.

제5장, '운 좋은 발견'은 과학적 발견에 뒤따르는 행운이 창의적 과학자들에게 부여된 도덕적 명예를 빼앗아 갈 수 있는지 묻는다. 이러한 물음은 도덕적 행운, 즉 도덕적 선택의 순간에 얻을 수 있는 행운을 철학적 관점에서 살펴볼 수 있다는 것이다. 도덕적 행운은 도덕적 책임을 훼손시키지 않고 선택과 기회가 어떻게 융합될 수 있는지를 분별할 기회를 제공해준다.

제6장, '과학 분야의 부정행위'는 창의성의 어두운 측면에 대해 검토한다. 일반적으로 과학 분야의 부정행위는 탐욕, 오만, 그리고 일반적인 동기의 관점에서 설명할 수 있다. 그러나 과학자가 창의적인 사람이 되고자 하는 열망과 창의적인 사람으로 인정받고자 하는 열망이 진리를 존중하지 않고 동료, 공중, 그리고 자신의 가족에 대한 책임을 회피할 때 부정행위가 발생한다.

제7장, '금지된 지식'은 과학자들이 도덕적으로 바람직하지 못한 결과를 산출할 수 있는 진리와 주제를 탐구해서는 안 되는가에 대해 살펴본다. 신으로부터 불을 훔친 프로메테우스와 선악과를 따먹은 아담과 이브와 같은 이야기에서 우리는 어떤 것을 탐구하는 것이 매우 위험하다는 것을 느낄 수 있다. 이는 과학적 관점과 뚜렷이 대립되는 태도다. 우리는 관대함과 민주주의의 이상을 유지하면서 담대한 탐구라는 과학적 에토스를 지속할 수 있을까?

제8장, '리더십'은 과학 및 기술 발달의 맥락에서 도덕적으로 창의적인 리더십을 탐색한다. 보통 리더십의 창의성은 가치 있는 결과를 낳으며, 집단은 바람직한 목표를 향해 움직인다. 또한 정부 프로젝트나 대학 실험실, 또는 영리 기업에서 영향력 있는 집단이 바람직한 도덕적 양식을 갖추고 있느냐 하는 것은 매우 중요하다.

제9장, '가르침'은 교육의 창의성에 대해 토의한다. 여기서는 가르침

에 대한 혁신적인 접근 방식을 다루며, 학생들에게 창의성을 촉진시키고 교육 커리큘럼과 제도를 발전시키는 혁신적 접근 방식을 검토한다. 여기서 가치 있는 새로운 산출물은 학생들이 과학자가 되거나 과학적, 기술적 소양을 획득하는 데 있어서 그들이 과학에 정통하고 과학의 가치를 인식하도록 하는 것이 핵심이다.

제10장, '좋은 삶'은 전문직 윤리학으로부터 좋은 삶의 윤리학으로 그 초점을 확대시킨다. 좋은 삶은 도덕적으로 바람직하며 의미 있고 개인적으로 만족스런 것이다. 과학적 창의성의 이상(ideal)은 두 가지 측면에서 기여하는 바가 크다. 그러나 이런 이상은 위험할 수도 있고 다른 의미의 근원들과 조화를 이룰 필요가 있다.

이 책의 아이디어는 내가 캐머런 싱클레어(Cameron Sinclair), 채프먼 딘(Chapman's Dean)과 종교 연구 교수의 재정적 지원을 받아 화학자인 프레드 카키스(Fred Kakis)와 심리학자인 스티븐 스챈들러(Steven Schandler)와 함께 팀티칭을 했던 창의성 강좌에서 나왔다. 보다 직접적인 촉매제 역할을 한 것은 코넬대학 공대의 헨리 슈(Henry Shue), 젤먼 워헤프트(Zellman Warhaft)이다. 그들의 초대 덕분에 나는 전문직 윤리에 관한 논문을 발표하기도 했다. 또한 나는 과학적 창의성에 대해 관심을 갖도록 도움을 준 여러 선생님들과 동료들인 Robert Baum, Nuel Belnap, Jill Buroker, Virginia Carson, Donald Gabard, Brewster Ghiselin, Fred Hagen, Max R. Harward, Fred Kakis, Mark Maier, Sterling McMurrin, Steven Schandler, Ronald Schinzinger, Richard Siddoway 등에게 감사를 드린다.

그리고 아래의 논문들로부터 자료를 싣도록 흔쾌히 허락해준 여러 잡지의 편집자분들께 감사드린다. 예를 들면, "Moral Creativity in Science and Engineering," *Science and Engineering Ethics* 12(2006): 421-33;

"Personal Meaning and Ethics in Engineering," *Science and Engineering Ethics* 8(2002): 545-60; "Paradoxes of Moral Motivation," *Journal of Value Inquiry*, 출간 예정; "Moral Creativity," *International Journal of Applied Philosophy* 20, no. 3(2006): 55-66.

끝으로 나는 이 책을 쓰면서 많은 도움을 받은 아내 새넌에게 감사하고 그녀의 사랑에 감사한다.

1

창의성과 윤리학

과학적 창의성은 종종 도덕적 창의성을 의미한다. 우리는 과학적 창의성을 발휘하여 우리의 기본적인 욕구를 충족시키는 음식, 에너지, 의약품과 같이 새롭고 도덕적으로 가치 있는 것들을 생산한다. 과학적 창의성을 통해 우리는 우주에서 차지하는 인간의 위치를 이해하고, 인간 이외의 동물과 환경을 보호한다. 과학적 창의성은 과학자와 여타의 과학에 기반을 둔 전문직 종사자들이 자신들의 영역과 삶에서 발견한 의미에 크게 기여한다. 동시에 그것이 생산한 기술은 핵무기로부터 지구 온난화까지, 컴퓨터 프라이버시로부터 인간 복제와 줄기세포의 연구까지 새로운 도덕적 도전들을 만들어내기도 한다. 게다가 개인과 기관은 가끔 창의적 열망에 휘둘려 비행을 저지르기도 한다. 이런 이유들 때문에 과학 분야와 과학에 기반을 둔 전문직 분야에서 창의성은 윤리학 연구의 한 주제로 자리잡게 되었다.

보통의 경우 창의성은 그렇지 않다. 창의성은 암묵적으로 연구 윤리의 한 주제로 이해되어왔지만 그 자체가 도덕적 주제로 채택된 적은 거의 없다.[1] 우리는 일반적으로 전문직 윤리학에서 창의성의 도덕적 측면

---

1 예를 들면, Kristin Shrader-Frechette, *Ethics of Scientific Research* (Lanham, MD:

을 하나의 주제로 다루지 않는다. 도덕적 행운, 금지된 지식, 도덕적 동기화의 역설, 창의적인 가르침과 리더십 등도 마찬가지다. 창의성의 도덕적 측면은 과학적인 부정행위와 공중에 대한 책무와 같은 표준 주제를 새롭게 밝힌다. 우리는 이런 주제들을 탐색할 때 전문직에 종사하는 모든 이들에게 부과하는 의무만이 아니라 개인적 헌신과 이상, 특히 창의성의 이상을 포함한 전문직 윤리학에 대한 폭넓은 개념이 필요하다.

과학에서의 창의성은 여러 가지 유형으로 나타난다. 창의성은 중요한 진실을 탐구하고, 문제를 설명하며, 유용한 기술을 디자인하고, 혁신적 방식으로 과학을 가르친다. 그리고 연구와 개발과정에서 리더십을 보여준다. 이 책에서 나는 과학을 자연과학과 사회과학, 기술(하드웨어와 노하우), 과학기술 조직, 그리고 공학과 의학처럼 과학에 기반을 둔 전문직을 모두 포함하는 것으로 광범위하게 파악한다. 물론 다른 맥락에서 과학은 이해(understanding)를 목적으로 하는 '순수과학'과 기술(technology)을 목적으로 하는 '응용과학'으로 구분하기도 한다. 그러나 오늘날 순수과학과 응용과학은 철저히 융합되어 있다. 그리고 확실히 창의성에 대해 사고할 때, 우리는 그것들의 관계를 고찰할 필요가 있다. 기초과학의 결과는 기술 발달을 촉진하며 미래에까지 오래도록 사용될 수 있는 '과학 자본'을 구성한다.[2] 그리고 기술의 목표는 거대한 과학적 탐구를 위해 요구되는 거대한 기금의 적립을 가능하게 하며 때때로 세계를 이해하는 능력을 발전시킨다.

Rowman & Littlefield, 1914)과 Edmund G. Seebauer and Robert L. Barry, *Fundamentals of Ethics for Scientists and Engineers* (New York : Oxford University press, 2001)를 보라.

2 Vannevar Bush, *Science — The Endless Frontier* (Washington, D.C.: NSF, 40th anniversary ed., 1990), 19.

개인적 의미와 공적 가치(Merit)

우리는 공적 사회의 구성원으로서 극적이고 유비쿼터스적인 실천의 관점에서 과학기술에 대해 생각하곤 한다. 국립공학회(National Academy of Engineering)의 20세기 현저한 공학적인 성취 목록: 전기 충전, 자동차, 비행기, 상수도 시설, 전기, 라디오와 텔레비전, 농업기계화, 컴퓨터, 전화, 냉방기, 공기 냉각기, 고속도로, 우주선, 인터넷, 이미지 기술, 석유화학 기술, 레이저와 섬유 광학, 핵 기술, 그리고 고성능 물질 등을 생각해보라.[3] 그러나 과학기술의 공적 충격을 식별할 때, 우리는 과학적 이해 그 자체의 도덕적 중요성을 부정해서는 안 된다. 그리고 우리는 과학자, 공학자, 그리고 과학에 기반을 둔 전문직 종사자들의 개인적 헌신을 부정해서는 안 된다.

때때로 과학자들의 창의적 공헌은 그들의 도덕적 헌신으로부터 나온다. 예를 들면, 엘리언(Gertrude B. Elion)은 암 연구에 집중하였다. 이런 헌신은 대학에서 화학을 진공으로 선택할 때 시작되었다.[4] 이러한 선택은 그녀의 사랑하는 할아버지가 위암으로 서서히 고통스럽게 죽어가는 것을 보고 직접적으로 반응한 것이었다. 그녀가 회상한 바에 따르면, "그것은 전환점이었다. 징후가 있었던 것처럼 그랬다. '이것은 네가 반대해야 할 것 같은 질병이다.' 나는 정말 다른 어떤 것에 대한 생각도 결코 멈추지 않았다."[5] 1930년대와 1940년대의 다른 여성들처럼, 그녀

---

3 National Academy of Engineering, www.greatachievements.org. Discussed by Mike W. Martin and Roland Schinzinger, *Ethics in Engineering*, 4th ed. (Boston: McGraw-Hill, 2005), 7.

4 Sharon Bertsch McGrayne, *Nobel Prize Women in Science*, 2nd ed. (Washington, DC: Joseph Henry Press, 1998), 279-302.

5 McGrayne, *Nobel Prize Women in Science*, 286.

는 최고의 명예를 안고 대학을 졸업했는데도 박사 과정 진학을 거부당했다.

엘리언은 연구할 기회를 찾기 위해 노력했다. 그녀가 마침내 제약 연구 회사에 취직했을 때는 제2차 세계대전으로 남성 노동자가 부족했을 때였다. 그녀는 열정적이고 지칠 줄 모르는 연구자가 되었다. 그녀가 발견한 약은 백혈병에 걸린 수천 명의 어린 생명을 구했으며, 어떤 경우에는 죽을 날만을 기다리는 사람들의 생존률을 80퍼센트로 끌어올렸다. 그녀는 정상 세포와 비정상 세포의 핵산 신진대사를 비교하는 새로운 연구 기술을 개발하는 데 기여했기에 노벨상을 받았다. 이러한 기술은 신약 개발을 크게 촉진하였다. 그녀는 저술을 통해 도움의 기쁨을 표현했으며, 다른 사람을 도울 수 있음에 감사했다. 이러한 태도는 과학에 대한 그녀의 열정을 지속시켰다. 또한 그녀는 여성 세대들이 과학에서 경력을 쌓도록 격려하였다.[6] 그녀의 동료 중의 한 사람은 그녀가 테레사 수녀보다도 인류에 대해 더 많은 선을 행했다고 주장한다.[7]

솔크(Jonas Salk)의 도덕적 공헌은 보다 유사한 실례를 제공한다.[8] 그는 대학 1학년때 화학 수업을 듣고 의사의 꿈을 키웠다. 그는 병든 사람들을 치료하기보다 그들이 병들지 않도록 예방하기 위해서 의사가 되기로 결심했다. 그는 의과대학에서 백신에 대해 특별한 관심을 갖게 되었는데 연구할 기회를 얻기 위해 1년을 더 다녔다. 의과대학 졸업 후에

---

6 Gertrude B. Elion, "Personal Reflections," in *Women In Science and Engineering: Choices for Success*, ed. Cecily Cannan Selby (New York: New York Academy of Sciences, 1999), 16–18.

7 McGrayne, *Nobel Prize Women in Science*, 296.

8 J. S. Smith, *Patenting the Sun: Polio and the Salk Vaccine* (New York: William Morrow and Company, 1990), 149, 282–89; and Jeffrey Kluger *Splendid Solution: Jonas Salk and the Conquest of Polio* (New York: Berkley Books, 2004).

그는 인플루엔자의 첫 번째 효과적인 백신을 개발하는 데 도움을 주었다. 당시 미군들은 전투에서 죽는 것보다 인플루엔자에 감염되어 더 많이 죽었다. 훗날 그는 자신의 실험실 대표가 된 이후 소아마비 연구를 본격적으로 시작했다.[9] 당시, 소아마비 때문에 해마다 수만 명의 어린이들이 죽거나 불구가 되었으며 부모들은 질병의 공포에서 살았다. 해마다 유행병이 돌 동안에는 부모들이 어린이들을 보호하기 위해 그들의 활동을 철저히 제한하였다. 소아마비는 어른들도 공격하였다. 이 병에 걸린 대표적인 사람이 루스벨트 대통령이다. 소아마비 백신을 개발할 때 솔크는 전통적인 면역보다 오래 지속적인 효과를 갖는 백신의 가능성을 개척하였다. 과학을 이용해 고통을 절감시키고자 한 책임감은 이런 모든 노력을 하도록 하였다.

어떤 과학자들은 창의적 노력을 기울이면서 자신들의 목숨을 걸었다. 퀴리부부(Marie Curie과 Pierre Curie)의 경우가 그렇다. 그들은 그들 연구의 위험성이 알려지기 이전, 오랫동안 매일 방사성 물질을 다루었다. 잠재적으로 위험한 측면을 지닌 신약을 시험할 때, 물리학자는 기꺼이 일차적인 실험의 주체가 된다. 사실, 팔친스키(Peter Palchinsky)의 경우도 과학과 공학에서 창의적인 리더십을 보여준다.[10]

20세기 초, 팔친스키는 노동자들의 권리와 기술에 의해 영향을 받는

---

9 옮긴이 주: 솔크는 1955년 4월 불활성 폴리오 백신을 개발하여 많은 돈을 벌 수 있었지만 "나는 저 태양을 특허로 신청할 수 없듯이, 백신을 특허로 등록하지 않을 것이다"라는 말을 남기며 백신제조법을 무료로 제공했다. 그리고 1965년 미국 샌디에이고에 자신의 이름을 딴 연구소를 건축하였는데, 그 연구소의 연구실 높이가 3m다. 이는 자신이 13세기에 건축된 이탈리아 성당의 높은 천장을 바라보다가 불현듯 백신 아이디어를 생각해냈던 경험에서 연유한 것이다.

10 Loren R. Graham, *The Ghost of the Executed Engineer*, (Cambridge, MA: Harvard University Press, 1993).

사람들의 안전을 위해 노력했다. 광산 기사로 교육받은 그의 첫 직장은 우크라이나의 탄광 노동자를 연구하는 것이었다. 그는 채굴의 효율성과 생산성이 노동자들의 삶의 조건과 관련이 있다는 것을 발견하였고, 그들의 주택과 수송에 대한 양적 정보를 개발하였다. 그는 그런 경험을 하면서 변화했으며, 30년간의 산경험을 토대로 공학의 기술적 문제들이 사회적, 경제적, 정치적 이슈와 융합되어 있다고 이해하게 되었다. 점차 최고의 리더 자리에 오르면서 그는 엔지니어들이 보다 폭넓은 교육을 받고 자신들이 하는 작업의 인간적 측면에 대해 폭넓게 책임을 수용하도록 적극 노력하였다. 인간주의적 엔지니어링 환경을 만들기 위해 열성적으로 일한 것이 그의 유일한 죄이었지만, 스탈린은 그를 반역죄로 다스렸다.

그들의 활동이 인간의 고통에 대한 직접적 반응은 아니었지만, 대부분의 과학자들과 엔지니어들은 그들의 도덕적 헌신에 의한 창의적 노력으로부터 영향받았다. 예를 들면, 어떤 전문가들은 그들이 도덕적으로 반대할 수 있는 활동, 가령 무기 개발로부터 배척당한다. 모리아티(Gene Moriarty)는 대학 졸업 후 갖게 된 자신의 첫 직장이 거대한 항공우주 회사였다고 보고한다.

> 내가 소속된 집단에서 상상력이 뛰어난 엔지니어들은 자신들이 개발하고 있는 시스템에 대해 나에게 흥미롭게 이야기했다. 그곳은 정교한 레이더 기제와 정교한 피드백 통제 구조를 갖추고 있으며, 통계학적 규칙에 근거하여 의사 결정이 이루어지는 지역이었다. 그 일은 세련된 엔지니어링 디자인에 대한 매력적인 전망을 제공했다. 그러나 그때 나는 그 프로젝트에 대해 폭넓은 시각을 갖게 되었고, 내가 계속 일을 해야 할 그 시스템이 바로 순항 미사일(Cruise Missile)의 신호처리 단위의 한 부분이었다는 것을

알게 되었다.[11]

모리아티는 전쟁의 유일한 선(good)이 부자를 더욱 부유하게 만드는 것이라고 믿었기 때문에 그 일을 추진하지 않기로 결정했다.[12] 이와 반대로, 민주적 가치를 지키기 위해 강한 국가적 방어체제에 헌신하고자 하는 엔지니어들은, 만일 그들이 민간인 사상자를 최소화시킬 수 있는 정밀한 무기를 순항 미사일 속에서 발견했다면 꽤 다양하게 반응했을 것이다. 그래서 개인적 헌신과 이상(ideal)은 전문직 윤리에 대한 적합성을 결여하고 있는 단순히 주관적인 문제로 치부하지 않을 것이다. 그들은 개인들이 자신들의 활동에 의해 영향을 받는 공중들에 대한 책임을 어떻게 이해하는지 중점적으로 검토한다.

그러나 도덕적 헌신은 가장 창의적인 활동 배후에 있는 일차적 자극제가 아니다. 활동 그 자체의 자극이 보다 중요하다. 심지어 돈보다 더 중요하다. 하나의 예로, 데이터 제너럴사(Data General Corporation)의 Eclipse MV/8000 컴퓨터의 개발에 대해 생각해보자. 이는 키더(Tracy Kidder)의 『새로운 기계의 영혼』(*The soul of a New Machine*)에 자세히 설명되어 있다. 그 혁신적인 컴퓨터는 기록적인 시간에 개발되었다. 그것을 가능하게 만든 30여 명의 엔지니어 집단은 그 프로젝트에 몹시 들떠 있었고 그 집단은 프로젝트 디랙터에 의해 선발되었다. 키더는 그들의 동기(motive)를 중세 시대 신의 궁전과 같은 대성당을 지은 석공의 동기들과 유사한 것으로 표현하고 있다. 엔지니어들은 석공들처럼 열광하고 실현감각을 느끼며 "삶에 의미를 부여하는 활동"을 펼쳤던 것이

11 Gene Moriarty, "Ethics, *Ethos* and the Professions: Some Lessons from Engineering," *Professional Ethics* 4, (1995): 77.

12 Gene Moriarty, "Ethics, *Ethos* and the Professions," 77.

다.[13] 반대로, 키더는 지역의 판매부장의 말을 인용하며 자신의 책을 마치고 있다. 그 판매부장은 컴퓨터를 매매하는 판매 직원에게 원기를 북돋워 주는 말을 건네며 수사적으로 묻는다. "사람들은 무엇 때문에 동기를 갖게 되었을까?" 그 판매부장은 자신의 물음에 이렇게 답하고 있다. 그것은 바로 "자신과 자신의 가족이 원하는 것을 구입할 수 있는 돈과 자신(ego)"[14]이다. 자신과 돈은 엔지니어들에게 동기를 부여했다. 그러나 그들의 일차적인 동기는 부가적으로 우정의 자극이었으며 기술 발달에 대한 관심이었다. 이런 사례로부터 우리는 유용한 생산물과 서비스를 제공할 때 전문가들이 상상 이상의 활동을 펼친다는 것을 알 수 있다. 전문가들 역시 인격(키더가 말하는 활력과 정신을 의미하는 영혼)의 창의적 표현을 촉진한다. 그 예들이 설명하고 있는 것처럼, 도덕과 무관한 동기와 헌신조차 탁월성에 헌신하도록 자극할 때 도덕적 적합성을 가진다.

창의적인 개인들은 창의성의 가치를 높이 평가한다. 그들은 새롭고 가치 있는 공헌을 희망하는 노력의 일환으로 자신들의 삶을 조직하고 구성한다. 카잘(Santiago Ramon y Cajal)이 쓴 것처럼, 그들은 "독창성에 대한 경향성이 강하고, 연구에 대해 묘미를 느끼고, 발견 행위 그 자체와 관련하여 비교할 수 없는 만족감을 느끼고 싶은 욕망을 가지고 있다."[15] 퍼킨스(D. N. Perkins)는 다음과 같이 덧붙이고 있다. "창의적인 사람이 되고 싶어 하는 사람들, 자신이 가진 창의적 특성을 높이 평가하는 사람들은 스스로 창의적인 사람이 될 것이며 그렇게 자신들을 유지

13 Tracy Kidder, *The Soul of a New Machine* (New York: Avon, 1981), 273.

14 Kidder, *The Soul of a New Machine*, 291.

15 Santiago Ramon y Cajal, *Advice for a Young Investigator*, trans. Neely Swanson and Larry W. Swanson (Cambridge, MA : MIT Press, 1999), 48.

할 것이다."[16] 그러나 그렇게 할 때, 그들은 자신을 지지하는 동료에게 의존하고, 그들의 창의적인 영감이 번성할 수 있는 맥락에 의존한다. 나는 개인들을 모범적인 사례로 종종 언급하지만, 일반적으로 현대 과학은 개인들이 집단에 의해 발전한다는 것을 지적하고 싶다. 따라서 어떤 발견에 따른 노벨상이 기껏해야 세 사람에게 수여될지라도, 그 상은 십여 명, 심지어 수백 명의 개인들이 그 발견에 공헌하였으며 그들이 참여한 실험실의 최고 책임자를 수상자로 결정했다는 것을 전형적으로 인정한 것이다.[17]

창의성과 전문직 윤리

앞의 사례는 창의성에 대한 헌신과 이상이 전문직 윤리에 포함되는 무수한 방식을 암시하고 있다.[18] 그러면, 왜 창의성은 과학 전문직 윤리 연구에 거의 포함되지 않을까? 하나의 이유는 창의성을 무정부 상태의 자유, 또는 신비하고 규정할 수 없는 과정으로 이해하는 고정관념과 관련이 있다. 전문가주의(professionalism)의 체제 안에는 이러한 과정이 포함될 수 없다.[19] 나는 제2장에서 이러한 판에 박힌 사고에 도전한다.

---

16 David N. Perkins, *The Mind's Best Work* (Cambridge, MA: Harvard University Press, 1981), 271.

17 R. Keith Sawyer, *Explaining Creativity: The Science of Human Innovation* (New York: Oxford University Press, 2006), 270.

18 더 많은 사례를 알고자 하면 다음을 참조. Caroline Whitbeck, *Ethics in Engineering Practice and Research* (New York: Cambridge University Press, 1998), 306-12; Stephen Monsma, C. Christians, E. R. Dykema, L. Arie, S. Egbert, and V. P. Lambert, *Responsible Technology: A Christian Perspective* (Grand Rapids, MI: William B. Eerdmans Publishing, 1986); and Mary Tiles, & Hans Oberdiek, *Living in a Technological Culture* (London: Routledge, 1995), 172-75.

거기서 나는 새롭고 가치 있는 것을 산출하는 유목적적 노력의 관점에서 창의성을 이해한다. 또 다른 이유는 창의성이 도덕성과 특별한 관련이 없는 도덕과 무관한 특성으로 간주된다는 것이다. 나는 제3장에서 지적 탁월성이 그 자체 도덕적 덕으로서 창의성에 기여한다고 지적하면서 이러한 관점에 반대한다.

여전히 창의성에 대한 헌신과 여타의 개인적인 헌신을 부정하는 또 다른 근원은 전문직 윤리의 구태의연함과 관련이 있다. 전문가주의는 전문적 객관성을 유지하기 위해 개인적 가치를 배제한다. 물론 전문적 입장은 객관성을 침해할 수 있는 편견을 엄격하게 통제할 필요가 있다. 그러나 객관성에 대한 열정과 전문적 표준에 대한 합당한 헌신은 그 자체로 과학기술의 중요성에 대한 개인적 헌신이다. 더구나 개인적 헌신은 경력을 형성하고 경력 선택, 직업 선택, 프로젝트 선택, 그리고 창의적이고자 하는 절대적 열망 등을 통해 전문가주의에 공헌한다.

전문직 윤리의 또 다른 구태의연함은 전문직 윤리의 양식을 의무로 환원시키는 것이다. 이런 '합의 패러다임'에 따르면, 전문직 윤리는 전적으로 전문직 종사자들에게 요구되는 도덕적 조건들에 대한 전문가의 합의로 이루어지며, 이와 함께 그런 도덕적 조건들의 기초에 대한 연구와 그 종사자들이 서로 갈등할 때 발생되는 윤리적 딜레마에 대한 연구의 결과로 이루어진다.[20] 이런 법전화된(codified) 조건들은 전문직 종

---

19 예를 들면, David B. Resnik, *The Ethics of Science* (New York: Routledge, 1998), 38과 Paul K. Feyerabend, *Against Method: Outline of Anarchistic Theory of Knowledge* (Atlantic Highlands, NJ: Humanities Press, 1975)을 보라. 창의성을 규정할 수 없는 과정으로 이해하는 입장과 관련해서는 David Bohm, *On Creativity* (New York: Routledge, 1996), 1을 보라.

20 나는 나의 *Meaningful work: Rethinking Professional Ethics* (New York: Oxford University Press, 2000)에서 합의 패러다임에 대해 비판한다.

사자들 사이의 평등한 책무 표준을 확인할 때 매우 중요하다. 그럼에도 불구하고, 그 조건들에게만 관심을 두는 것은 창의성의 도덕적 중요성을 훼손시킨다. 창의성은 그 본성상 모든 사람에게 부과된 의무일 수 없다. 보다 일반적으로 전문직 윤리에 대해 생각할 때, 법전화된 의무를 강조하는 것은 인격, 덕, 이상, 그리고 개인적 헌신을 부정하는 것이다.[21]

개인적 헌신과 이상은 인도주의적, 환경적, 종교적, 정치적, 미학적, 초과의무적, 가족적 헌신을 포함한다. 그것은 역시 전문직 표준에 대한 자발적 헌신을 포함한다. 특히 이런 헌신이 개인의 광범위한 가치 관점에 관련될 때 말이다. 윌리엄스(B. Williams)가 말한 것처럼, 개인적 헌신은 "일련의 욕망, 관심, 또는 …… 인격을 구성하는 데 도움을 주는 프로젝트와 관련이 있다."[22] 이런 헌신과 그에 동반한 이상은 동기를 부여하며, 안내하고, 과학자들과 다른 전문가들의 활동에 의미를 부여하며, 또한 더 넓은 지역사회의 공적 선에 기여한다.

개인적 의미는 지성(intelligibility; 이해)과 가치를 내포한다. 우리는 살아가는 데 필요한 가치 관점에서 우리의 삶을 이해하기 때문에 이런 이중의 내포는 연결이 된다. 이와 같이 의미는 동기화 및 헌신과 직접 관련이 있다. 그리고 의미는 우리의 흥미와 에너지를 유지하는 방식으로, 우리의 정체성을 형성하고 자긍심이나 수치심을 창조하는 방식으로 깊이 관심을 기울이고 있는 것과 관련이 있다. 궁극적으로 이런 헌신

21 그런 부정은 Alasdair MacIntyre, *After Virtue*, 2nd ed.(Notre Dame, IN: University of Notre Dame Press, 1984)와 Edmund L. Pincoffs, *Quandaries and Virtues* (Lawrence: University Press of Kansas, 1986)와 같은 선구자적 책(groundbreaking books)으로 인해 바뀌게 되었다.

22 Bernard Williams, "Persons, Character and Morality," in Bernard Williams, *Moral Luck* (New York: Cambridge University Press, 1981), 5.

과 의미는 좋은 삶을 사는 것과 연결이 된다. 그러한 삶은 다른 분야와 마찬가지로 과학 분야에서도 도덕적으로 바람직하며, 개인적으로 만족스러운 것이다. 나는 이 책을 통해서 그리고 제10장에서 가장 직접적으로 이에 대해 검토하고자 한다.

의미는 주관적 측면(의미 이해)과 객관적 측면(진정한 가치와 일관성)을 모두 가진다. 의미를 이해하는 것은 정서와 동기화로 표현된 실천적 성향이나 태도다. 창의적인 개인들은 진보를 희망하며, 지연에 따른 좌절, 발견의 기쁨, 결과 확인의 기쁨, 성취의 자부심, 단순한 것들과 복잡한 것들이 어떻게 상호작용하는지에 대한 호기심, 변칙에 대한 방어, 타인들의 성취에 대한 감탄(시기뿐만 아니라), 위조활동에 대한 혐오와 경멸을 경험한다. 이러한 '합리적인 열정'은 기능적 기술처럼 창의적 활동에서 매우 중요하다.[23] 이에 덧붙여 우리는 활동을 가치 있게 만드는 객관적으로 정당화된 가치에 비추어 의미의 주관적 이해를 평가할 수 있으며, 살만한 가치가 있는 삶에 비추어 그 의미의 주관적 이해가 계몽된 것인지 왜곡된 것인지 평가할 수 있다. 그리고 개인적 의미는 제도적 참여와 밀접하게 관련이 있다. 시울라(Joanne B. Ciulla)는 다음과 같이 말한다.

> 의미 있는 삶처럼, 의미 있는 활동은 도덕적으로 가치가 있는 조직에서 수행하는 가치 있는 도덕적 활동이다. 활동은 그 안에 어떤 선이 있기 때문에 의미가 있다. …… 어떤 활동이 다른 사람을 돕고 고통을 경감시킨다면, 어렵고 위험하며 지루한 일을 제거한다면, 어떤 사람을 더욱 건강하고 행복하게 만든다면, 또는 미학적으로나 지적으로 사람을 풍요롭게 하고 우

23 Williams, "Persons, Character and Morality," 118.

리가 살고 있는 환경을 향상시킨다면, 그것은 삶을 더 좋게 한다.[24]

전문직 윤리의 개념을 이렇게 개인적 헌신과 의미를 포함하는 것으로 폭넓게 사용할 때 우리는 창의성이 무엇이며, 창의성이 도덕적 창의성과 어떤 관련이 있는지 검토할 수 있다.

---

24 Joanne B. Ciulla, *The Working Life: The Promise and Betrayal of Modern Work* (New York: Times Books, 2000), 225–26.

2

창의성의 의미

창의적인 사람은 새롭고 가치 있는 것을 발견하거나 발명한다. 과학적 창의성에는 중요한 진리, 설명, 문제해결 기법, 그리고 기술(하드웨어뿐만 아니라 실천적 노하우와 조직적 구조가 포함됨)이 포함된다. 따라서 창의성으로 간주되는 것은 무엇이 새롭고 무엇이 가치 있는 것인지에 대한 판단과 관련이 있으며, 이러한 판단은 오류 가능성이 있고 논쟁의 여지 또한 있다. 과학적 창의성은 종종 도덕적 창의성을 구성하며, 예술 창의성뿐만 아니라 일반적으로 도덕적인 창의적 의사결정과도 맥을 같이한다.

새롭고 가치 있는 산출물

초기 심리학 연구들은 창의성을 특정 인성의 특성과 흔히 '수평적 사고(lateral thinking)' 라고 불리는 정신 과정의 관점에서 서술하였다. 여기서 수평적 사고란 직접적인 논리추론을 거부한다.[1] 그러나 가장 최근의

1 Robert W. Weisberg, *Creativity: Genius and Other Myths*(New York: W. H. Freemand and Company, 1986), 51-69; R. Keith Sawyer, *Explaining Creativity: The Science of Human Innovation* (New York: Oxford University Press, 2006),

연구들은 그런 관점에 반대한다. 창의성은 상당히 일상적인 과정과 특성을 포함하며, 숙달된 관련 기술, 호기심, 실험 정신, 개방적인 마음, 상상력, 유통성, 유비추론 능력, 불확실성에 대한 인내, 그리고 열망을 함축한다. 더 나아가, 천재적 IQ는 과학적 창의성을 위한 필요조건은 아니다. 보통 전형적인 대학 졸업자들의 IQ(120 정도)면 충분하다.[2] 반대로 매우 지적인 사람들 중에도 특별한 창의성이 없는 사람들이 많다.

예외적인 과정과 인성 대신에 창의성은 결과와 산출의 관점에서 이해될 필요가 있다.[3] 따라서 창의적인 과정과 활동은 무엇인가를 발견하고 발명하는 것이며, 그러한 경향을 띤다. 창의적인 사람과 창의적인 집단은 창의적인 산출물을 발명하거나 발견한다. 그리고 창의적인 조직은 창의적인 산출물을 개발하며 창의적인 작업조건은 창의적인 산출물을 만들어내는 데 유리하다. 그러면 창의적인 산출물이란 무엇일까? 그것은 새롭고 가치 있는 결과물로서 유목적적 활동으로부터 나온다.

'새로운(new)' 이란 어떤 적합한 준거에 따라 평가되는 독창성을 의미한다. 보통 준거는 어떤 영역을 의미한다. 다시 말하면, 지식과 기술의 기초를 갖춘 탐구와 활동 영역은 창의성의 발생 순서에 따라 숙달될 필요가 있다. 그래서 창의적인 생물학은 생물학의 영역을 심화 발전시키는 과정에서 새롭게 발견된 것이다.[4] 그리고 창의적인 공학은 전기공

39-74.

2 Dean Keith Simonton, *Creativity in Science* (New York: Cambridge University Press, 2004), 103-104.

3 Vincent Tomas, "Introduction," in *Creativity in the Arts*, ed. Vincent Tomas, (Englewood Cliffs, NJ: Prentice-Hall, 1964), 1-3; Simonton, *Creativity in Science*, 15.

4 J. Baer, "Domains of Creativity," in *Encyclopedia of Creativity*, ed. Mark A. Runco and Steven R. Pritzker (San Diego: Academic Press, 1999), 591-96.

학, 화학공학, 기계공학, 또는 여타의 공학 분야의 혁신을 통해 만들어진 것이다. 발견이 더욱 중요할 때조차 일반적 영역은 구체적일 수 있다. 예를 들면, 바퀴의 발명은 수송을 발달시키고 불을 만드는 방식의 발견은 에너지공학을 발달시킨다. 경우에 따라 창의성은 새로운 학문 영역을 정립한다. 예를 들면, 20세기에 컴퓨터과학을 학문으로서 정립하였다.

특정 영역에서 대안적인 준거는 무엇이 새로운 것인지 확인하는 데 이용될 수 있다. 내가 생각하는 역사 관련(history-relative) 창의성의 관점에서 산출물은 인류 역사상 이전의 성취와 비교해 볼 때 새로운 것이다.[5] 개인 관련(person-relative) 창의성의 관점에서 산출물은 개인의 이전 성취나 발달의 수준과 비교하여 볼 때 새로운 것이다. 어떤 아이디어는 창의성을 가르치는 데 적합하다. 그리고 집단 관련(group-relative) 창의성의 관점에서 산출물은 특정 집단이나 사회와 비교하여 볼 때 새로운 것이다. 그래서 유클리드(Euclid)는 역사 관련 창의성을 명백히 보여준다. 왜냐하면 그는 자신의 이름이 붙은 기하학을 개발한 최초의 사람이었기 때문이다. 재능이 뛰어난 어떤 젊은이가 유클리드 기하학을 전혀 접해보지 못한 상태에서 그 한 부분을 다시 발명하였다면 개인 관련 창의성을 가진 사람이라 할 수 있다. 또한 그녀는 대다수 동료 집단 구성원들의 발견을 넘어선 발견을 했기 때문에 집단 관련 창의성을 지녔다고 할 수 있다.

만약 어떤 두 사람이 비슷한 시기에 동일한 발견을 한다면, 그들은 모두 역사 관련 창의성을 가지고 있다는 평판을 받을만하다. 예를 들면, 진화론을 발견한 다윈(C. Darwin)과 월리스(A. R. Wallace), 계산기를

5 Margaret A. Boden, *The Creative Mind*, 2nd ed. (New York: Routledge, 2004), 2.

발명한 뉴턴(Newton)과 라이프니츠(Leibniz), 그리고 마이크로칩을 공동 발명한 킬비(J. Killby)와 노이스(R. Noyce)가 그 예에 속한다. 그러나 종종 최초의 발견자나 발명자만이 역사 관련 창의성을 가졌다고 인정된다. 앞으로 살펴보겠지만, 이렇게 최초를 강조하는 것은 과학적 창의성의 윤리학에서 대단히 중요하다.

'가치 있는(valuable)'은 어떤 영역의 가치 관점에서 볼 때 중요성, 혁신, 흥미, 유용성, 또는 바람직성을 의미한다. 이론과학의 창의성은 인식론적(진리 중심적) 특성을 지닌다. 예를 들면 의미 있는 진리, 설명력, 예측력, 단순성, 그리고 아름다움과 관련이 있다. 응용과학과 공학의 핵심 가치에는 유용성, 안정성, 효율성, 미학, 그리고 적법성이 포함된다.

'유목적적 활동(purposeful activities)'은 직접적인 의도성을 가지고 노력하며, 행운 역시 중요한 역할을 한다는 것을 의미한다. 전형적으로 어떤 유형의 독창성이나 통찰력이 사용된다. 컴퓨터로 수만 번 타이핑을 한 후에 우연히 짧은 산문을 기록한 이름난 침팬지를 우리는 창의적인 존재라고 말할 수 없다. 그림을 그리고 음악하며 글을 쓰는, 그리고 계산도 가능한, 여러 장점을 가진 컴퓨터는 어떤가?[6] 컴퓨터가 창의적일까, 아니면 프로그램을 만든 인간만이 창의적일까? 나는 인간만이 창의적 존재라고 생각한다. 우리가 어떤 대답을 하든, 우리는 아이에게 창의성의 개념을 가르칠 때 그런 사례를 패러다임으로 사용하지 않을 것이다. 그러나 분명한 사례의 경우에서도 유목적적 활동은 보다 폭넓게 이해되어야 한다. 예를 들면, '초현실주의 예술에서 주장되는 발견 예

---

6 R. Keith Sawyer, *Explaining Creativity: The Science of Human Innovation*, 97-111.

술(found art)'에서 의도는 미학적 분별이나 참여를 위해 생활 주변의 일상적 대상을 보여주는 것이다. 보통 과학과 공학의 의도는 곤혹스런 사건을 설명하고 수학 문제를 해결하며, 또는 에너지의 새로운 근원을 개발하는 것으로도 충분하다.

'산출(products)'에는 인공물, 관념, 기법, 그리고 조직이 포함된다. 이론과학의 가장 중요한 산출은 경험적으로 검증 가능하고 예측력을 가진 설명이론이나 모델이다. 응용과학과 공학의 중요한 산출은 안전하고 유용한 기술적 산출과 과정이다. 제1장에서 지적한 바와 같이, 이론과학과 기술의 발달은 점차 융합되고 있다. 예를 들면, 이론과학은 정확한 과학적 도구 없이는 발전할 수 없다. 따라서 이론과학은 물질이나 에너지에 대한 공학자들의 이해에 공헌한다. 어떤 창의적인 진보, 가령 트랜지스터의 발명은 과학과 공학 양자의 창의적인 진보를 의미한다.

'산출'이라는 개념은 문제를 창의적으로 해결하는 것뿐만 아니라 창의적인 새로운 문제를 생성하는 것으로 폭넓게 이해될 필요가 있다. 빈번히 가장 중요한 창의적 단계, 가장 빠르게 참신한 관념을 생산하는 것은 관련 문제를 명확히 진술하는 것이다.[7] 결과적으로, 문제는 충분히 명확해질 것이며 창의적인 움직임은 그 중요성을 인식하게 될 것이다. 자원과 시간이 제한된 경우라면, 어떤 탐구를 수행하느냐를 결정하는 것은 모두 다를 수 있다.

---

7 H. Scott Fogler and Steven E. LeBlnac, *Strategies for Creative Problem Solving* (Upper Saddle River, NJ: Prentice Hall, 1995), 1; and Mihaly Csikszentmihalyi and R. Keith Sawyer, "Creative Insight: The Social Dimension of a Solitary Moment," in *The Nature of Insight*, ed. R. J. Sternberg and J. E. Davidson (Cambridge, MA: MIT Press, 1995), 329-63.

비판과 명료화

창의성을 새롭고 가치 있는 산출물을 만들거나 발견하는 것으로 개념 규정하는 것은 전적으로 형식적인 것이다. 그러한 개념은 빈약하며 창의성의 개요만을 단순히 설명한 것에 불과하다. 그리고 그것은 창의성의 필요충분조건을 정확하게 제시하기보다는 창의성의 뼈대를 이루는 사례들의 특징을 목록으로 제시하고 있을 뿐이다. 그러한 수준이라면, 이러한 창의성의 개념 규정은 역사 관련 창의성의 평가와 관련하여 여러 문제를 안게 된다.

첫째, 누가 무엇이 가치 있고 무엇이 새로운 것인지 결정할 권한을 가질까? 각 영역이 전문 영역을 갖더라도 누가 어떤 사람을 전문가로 인정하고 어떤 사람에게 주도적 권한을 부여할 것인가와 관련해서는 불일치할 수 있다. 그러한 불일치가 보다 잘 나타나는 예술과 인문과학 분야에서 탁월성의 표준에 대해 일치를 이루기 힘들지만 과학이 결여된 것은 아니다. 누가 전문가인지에 대한 합의가 이루어질 때라도 특정 경우에 대한 전문가의 판단이 불일치할 수 있다. 전문가들도 인간이다. 예를 들면, 때때로 편견에 사로잡힌 전문가들은 자신이나 친구들을 위해 연구 기금을 획득하고자 창의성을 과대평가함으로써 그들의 판단을 왜곡한다. 어떤 영역의 모든 전문가들의 사고가 쿤(Thomas Kuhn)이 이름 붙인 패러다임이나 가정에 의해 지배될 때 보다 미묘한 왜곡이 생긴다. 주도적인 전문가들이라 하더라도 때때로 다음과 같은 명백한 잘못을 범하기도 한다. 사실, 우리는 디킨슨(Emily Dickenson), 고흐(Vincent van Gogh), 그리고 멘델(Gregor Mendel)이 죽은 후 오랫동안 그들의 작품을 식별하지 못하는 잘못을 범했다.[8] 그리고 기술발달에서 창의적인 기여를 한 것으로 알려진 것이 훗날 가치가 부족한 것으로 판명될 수도 있다. 아마 다용도 스포츠 차량(SUVs)의 창안이 그 한 예가 될 수 있다. 이 차량은 훗날 가스를 많이 소비하고 오염을 심화시키며 위험하기 짝이 없는 차량으로 판명되었다.

권위 있는 당국자들의 창의성에 관한 주장과 비교해 볼 때 칙센트미하이(Mihaly Csikszentmihalyi)가 주장하는 창의성은 대단히 진보적이다. 그의 '시스템 모델'에 따르면, 창의성은 그 인식과 떼려야 뗄 수 없다. "창의성은 다음의 세 요소로 구성된 시스템의 상호작용으로 인해 생긴다. 첫째는 상징 규칙을 담고 있는 문화영역(domain), 둘째는 상징 영역 속으로 새로움을 가져오는 개인(person), 셋째는 혁신을 인정하고 확인하는 전문가들의 현장(field)이다. 이 세 가지는 창의적인 관념, 산출물, 즉 발견이 일어나도록 하는 데 필요조건이 된다."[9] 칙센트미하이는 디켄슨, 고흐, 그리고 멘델이 죽은 이후에 그들의 작품이 전문가들의 현장에서 인정받고 확인되었을 때 비로소 그들은 창의적인 사람으로 대우받았다고 주장한다.[10] 사실, 그들이 전문가들의 관심에서 멀어졌다면, 그들은 창의적인 사람으로 인정받지 못했을 것이다.

칙센트미하이는 창의성이 어떻게 생기는지에 대해 이해할 때 역사적, 문화적 맥락뿐만 아니라 영역 내의 창의성 판단과 관련된 전문가 현장의 중요성을 강조한다. 우리는 이렇게 강조한 그의 공로를 인정해야 한다. 그러나 창의성을 전적으로 전문가들과 관련시켜 이해하는 것은

---

8 멘델(the Gregor Mendel)의 경우 세부적인 것은 논쟁의 여지가 있다. J. Waller, *Einstein's Luck: The Truth Behind Some of the Greatest Scientific Discoveries* (New York: Oxford University Press, 2002), 132-58을 보라.

9 Mihaly Csikszentmihalyi, *Creativity* (New York: Harper Collins, 1996), 6, 29-30.

10 Nancy C. Andreasen, *The Creating Brain* (New York: Dana Press, 2005), 14-16 참조.

불가능하다. 확실히 반 고흐와 멘델은 그들이 살아 있을 때도 창의적이었다. 그들이 죽은 후에야 비로소 그들의 공헌이 인정받았을 뿐이다.

창의성을 판단할 때 사용되는 가치와 표준은 정당한 근거가 결여되어 있으며 주관적이라고 비판을 받는다. 가장 기초적인 반박은 객관적으로 옹호할만한 가치의 가능성에 대한 회의주의가 중심에 깔려 있다. 그리고 그런 가치들에 기초를 둔 창의성 평가의 신뢰성에 대한 회의주의가 중심이 되고 있다. 급진적 회의주의자들은 우리가 확실히 인식할 수 있는 객관적, 외적 세계의 존재를 인정하지 않는다. 그들은 어떤 하나의 실재가 있다는 관념을 부정하며, 인간의 이해가 항상 개념적 구조에 따라 상대적이며 다른 것들보다 더 타당한 것은 아무것도 존재하지 않는다고 주장한다. 이런 회의주의자들에는 최근 십여 년 동안 '과학전쟁'을 야기한 포스트모더니스트들이 포함된다.

만일 '주관적인' 것이 편견에 치우친 상태를 의미한다면, 우리는 그 회의주의자들에 대해 조급하게 반응한 것이다. DNA가 핵산으로 구성되어 있다는 진리나 인간이 하등 생명체로부터 진화했다는 진리에 대해 편견을 갖거나 이를 주관적으로 생각하는 사람은 아무도 없다. 더구나 신약을 개발하여 죽어가는 사람의 질병을 고치고 공중위생을 증진하며, 에너지의 새로운 원천을 개발하는 도덕적 가치에 대해 그 어떤 사람도 편견을 갖지 않는다. 편견은 진리의 왜곡이며 진리추구의 왜곡이다. 그리고 바로 그 관념은 때때로 진리를 획득할 가능성을 함축한다. 진리, 객관적 실재, 그리고 정확한 설명이 정당화될 수 있는 것과 마찬가지로 인식적, 도덕적 가치는 정당화될 수 있다. 그래서 인식적, 도덕적 가치는 과학적 창의성을 평가하는 기초를 제공한다. 물론 이러한 조급한 반응이 회의주의자들을 만족시키지는 못할 것이다. 보다 심오한 철학이 보다 심도 있게 반응하는 데 기여할 것이다.[11] 여기서 나는 간단하게 명백한 사실, 즉 가치, 진리, 그리고 이해에 대한 우리의 관점이 창의성을 평가한다는 것을 지적하고 싶다.

보다 유연한 회의주의, 과학의 열망에 보다 공감하는 회의주의는 객관적인 진리의 가능성을 부정하지 않고 그런 가능성에 대해 알 수 없다고 주장한다. 쿤이 그런 유형의 회의주의자다. 그는 정상과학(normal science)과 혁명과학(revolutionary science)을 구분한다. 정상과학은 지배적인 패러다임 내에서 위치를 점한다. 거기서 '패러다임' 은 다음의 두 가지를 의미한다. (1) 뉴턴의 법칙이나 아인슈타인의 상대성이론과 같이 과학 영역 내에서 이룬 지배적이고 전형적인 성취가 하나이며, (2) 학문활동의 지표가 되는 일련의 관념, 방법, 모델이 다른 하나이다.[12] 이와 반대로 혁명과학은 뉴턴의 법칙이 아인슈타인의 상대성이론으로 이것이 다시 양자역학으로 전환하는 것처럼, 지배석 패러다임을 전복하거나 대체한다. 쿤은 객관성과 진리의 관념들에 의존하지 않고 과학 공동체 내에서 합의와 논쟁의 관점에 따라 정상과학과 혁명과학을 이해하고자 한다. 정상과학과 혁명과학의 구분은 나음의 두 가지 과학적 창의성의 유형을 구분하는 데 사용될 수 있다. (a) 지배적 패러다임 내에서의 '퍼즐 해결' (b) 지배적 패러다임의 혁명적 전복과 지배적 패러다임을 문자 그대로 우리가 살고 있는 '세계를 변화시키는' 새로운 패러다임으로의 교체하는 것.

그의 강력한 통찰에도 불구하고, 쿤은 지속적으로 비판받았다.[13] 정

---

11 예를 들어 *The Nature of Truth*, ed. Michael P. Lynch (Cambridge, MA: MIT Press, 2001)을 보라.

12 Thomas S. Kuhn, *The Structure of Scientific Revolutions*, 3rd ed. (Chicago: University of Chicago Press, 1996), 175.

13 Alexander Bird, *Thomas Kuhn* (Princeton, NJ: Princeton University Press, 2000)과 Peter Godfrey-Smith, *Theory and Reality* (Chicago: University of

상과학이 하나의 지배적인 패러다임에 의해 지배된다는 그의 주장은 종종 참이 아닌 경우가 있다. 왜냐하면, 보통 지대한 영향을 끼치는 패러다임은 특정 시기에 영역 안에서 경쟁한다. 더구나 쿤이 인식한 것보다 더 오랫동안 지속적인 패러다임의 변화가 이루어졌다. 쿤이 세계에 대한 새로운 경험과는 성질이 질적으로 다른, '새로운 세계 창조'라는 패러다임 변화에 대해 자극적으로 주장하는 이야기는 낭만적인 과장이라고 비판받았다. 그러나 나의 주장을 펼친다면, 그 비판들의 주된 핵심은 이렇다. 쿤의 불가지론(agnosticism)은 패러다임들이 사실과 어떻게 일치하는지 이해할 수 없기 때문에 궁극적으로 그 패러다임들이 어떻게 수용되고 어떻게 거부되는지를 이해할 수 없다는 것이다. 설명의 유용성, 예측의 정확성, 그리고 시각의 통일성과 같은 관념들은 모두 과학이 객관적인 실재에 대한 진리를 밝히는 데 성공한다는 것을 가정한다. 지적 겸손은 진리추구의 오류 가능성을 수용하고 신통치 않은 진리 또한 존재한다는 것을 가정한다.

과학에 대한 어떤 회의적 비판은 진리의 요소들을 내포한다. 여기서 말하는 진리란 그 비판들이 없어도 된다고 주장하는 종류의 진리를 말한다. 회의론자들 덕분에 우리는 한때 가치중립적 기획이었던 과학이 이제는 가치중립적 기획이 아니라는 것을 인식하게 된다. 도덕적, 종교적, 정치적, 심지어 미학적 가치는 과학 탐구에 영향을 끼친다. 특히 오늘날 과학은 거대한 기금이 필요한 집단활동이며, 기금 투자자들은 전형적으로 인간 욕구의 충족과 새로운 이해 습득의 관점에서 어느 것이 연구 전망이 가장 좋은가 하는 가치 관점을 고려하여 투자한다. 그러한 가치 관점들은 다소간 계몽적이고 공정한 것이다. 예를 들면, 난소암과

Chicago Press, 2003), 75-101을 보라.

유방암 대 고환암과 전립선암 같이 성(gender)과 관련된 질병 연구의 경우, 어디에 더 많은 기금을 투자할 것인지 결정하고자 할 때 불일치가 생길 수 있다. 우리는 그런 가치들 속에 (의미 있는) 진리를 포함시키는 한, 과학을 안내하는 일련의 가치를 인식할 수 있다. 키처(Philip Kitcher)가 주장하듯이, 우리는 가치가 과학에 끼치는 영향에 민감하고 '과학 실재론(science realism)'도 인정하는 통합적 시각이 필요하다. 여기서 말하는 과학 실재론은 "과학이란 때때로 인간의 인식으로부터 독립된 세계에 대한 진리를 우리에게 전해주고, 인간의 관찰에서 벗어난 세계의 구성 요소들에 대한 정보를 알려준다"[14]고 주장한다.

마지막으로, 이것은 비판이라기보다는 확대이다. 어떤 혁신은 그것이 상이한 가치에 따라 판단되는 여러 영역들로 연결된다. 그래서 사회생물학과 진화심리학은 상이한 방식으로 상이한 정도의 중요성을 갖지만 결국 모든 인문과학, 인문학과 관련이 있다. 이와 같이, 예술작품은 조각의 영역으로 판단되며, 또한 경제적 가치 대상의 영역으로 판단된다. 그 미학적 가치는 최소화될 수 있지만, 그것이 피카소의 작품이라면, 현저한 재정적 가치를 가질 것이다. 그리고 금고를 여는 기법이나 기술은 범죄활동의 영역에서 가치 있을 수 있으나 금고를 판매하는 영업 분야에서는 가치가 없을 것이다.

어떤 학자들은 금고를 여는 사람의 사례는 창의성과 관련이 없다고 주장한다. 이는 독창성에 해당하지만 창의성에는 해당하지 않는다는 것이다. 예를 들면, 크로플리(A. J. Cropley)는 도덕적 허용 가능성이 창의성의 필요조건이라고 믿는다. "창의성을 속임수, 거대 살인자, 또

---

14 Philip Kitcher, *Science, Truth, and Democracy* (New York: Oxford University Press, 2001), 28.

는 악한 선동자라고 말하는 것은 잘못된 것이다."[15] 이에 답한다면, 우리가 재능 있는 도둑, 고문기술자, 테러리스트를 창의적인 사람이라고 말하는 것은 아이러니다. 왜냐하면, 우리는 그들을 칭찬할 마음이 거의 없기 때문이다. 그러나 우리는 크로플리의 관점을 고려하여 창의성이 다른 형태보다는 더 가치 있는 형태를 가지고 있다는 것을 지적할 수는 있다. 창의성이 항상 도덕적 창의성을 의미하는 것은 아니다.[16]

과학적 창의성은 도덕적 창의성

도덕적 창의성은 새롭고 도덕적으로 가치 있는 산출물을 발견하거나 만들어내는 것이다. 예를 들면, 일상생활에서 도덕적으로 창의적인 산출물은 다음과 같이 새롭고 가치 있는 방식들에 의해 창조된다. 이 방식들은 도덕적으로 적합한 사실들을 분별하고, 갈등하고 있는 가치들을 통합하며, 윤리적 딜레마 상황에서 갈등하고 있는 도덕적 가치들 중 우선성을 확인하고, 도덕적 이슈의 중요성을 분별하도록 가르치거나 격려하는 것이며, 새로운 제도와 법칙을 개발하는 방식이다. 앞서 살펴본 창의성이란 용어를 좀 더 확장하면, 도덕적 창의성이란 도덕적 영역에서 새롭고 가치 있는 산출물을 만들어내는 것이다. 여기서 말하는 도덕적

---

15 A. J. Cropley, *More Ways than One: Fostering Creativity* (Norwood, NJ: Albex, 1992), 49.

16 Carl Rogers, "Toward a Theory of Creativity," in *The Creativity Question*, ed. Albert Rothenberg and Carl R. Hausman, (Durham, NC: Duke University Press, 1976), 297과 Raymond S. Nickerson, "Enhancing Creativity," in *Handbook of Creativity*, ed. Robert J. Sternberg, (New York: Cambridge University Press, 1999), 396-397, 그리고 Robert Nozick, *The Examined Life* (New York: Simon and Schuster, 1989), 35 참조.

영역이란 삶의 모든 영역이 서로 융합되어 나타난다고 할 수 있다. 책임이 있는 도덕적 행위자로서 우리 각자는 도덕적으로 가치 있는 선을 만들어낼 때 개인 관련(person-relative) 창의성과 집단 관련(group-relative) 창의성을 가질 수 있다. 역사 관련 도덕적 창의성은 집단이나 사회 내의 도덕적 도전에 직접적으로 반응하여 나타난다. 특히 도덕적으로 불확실하고 막연하며 애매한 상황에서 나타나며 도덕적 선례들이 거의 없거나 논쟁의 대상이 되고 있을 때 나타난다.

과학적 창의성 역시 새롭고 가치 있는 결과를 산출할 때 도덕적 창의성이 된다. 그런 산출물에는 세계에 대한 심오한 이해, 유용한 기술적 선, 그리고 사회적 진보가 포함된다. 때때로 그 산출물은 엘리언(Gertrude Elion)의 신약 개발과 솔크의 소아마비 백신의 개발과 같이 인간의 고통에 대한 직접적인 반응에서 나온다. 자동차, 제트기, 그리고 컴퓨터와 같은 20세기의 경이로운 공학의 발전은 우리 삶의 질을 향상시켰다. 그리고 팔친스키(Peter Palchinsky)는 사회적 진보에 기여하는 도덕적으로 창의적인 리더십을 보여준다.

이와 함께, 와인버그(Alvin M. Weinberg)가 말한 "빠른 기술적 대응(Quick Technological Fixes)," 즉 사회적 문제에 대한 빠른 대응에 대해 살펴보자.[17] 바람직하지 않은 방식으로 행동하는 개인들이 많아질 때, 사회 문제는 전형적으로 발생한다. 그들의 행위를 직접적으로 변화시키는 것은 중요한 가치, 특히 자유를 희생하지 않고서는 불가능하다. 기술은 그 문제를 해결할 수 있다. 예를 들면, 사람들이 과속 운전을 하면, 법의 집행 비용이 높아질 수 있다. 이때 안전한 도로를 건설하고 좌석

17 Alvin M. Weinberg, "Can Technology Replace Social Engineering?" *University of Chicago Magazine* 59 (October 1966): 6-10.

벨트와 에어백을 정착한 자동차를 생산하는 창의적인 공학은 사고와 부상을 감소시키는 데 보다 효과적인 기여를 할 수 있다. 다시 말하면, 가난은 부분적으로 부의 부당한 분배에 기인한다. 하지만, 세금을 높이고 부를 재분배하는 것보다 비용이 적게 드는 유전적 변형 식품을 창의적으로 만들어내는 것이 오히려 사회적으로 더욱 수용될만한 것이다.

와인버그는 모든 기술처럼 빠른 대응이 전형적으로 새로운 문제를 만들어낸다고 지적했다. 그러나 그럴 때조차 새롭고 보다 나은 과학기술은 결함을 가진 기술을 개선할 수 있다. 롤런드(S. Rowland)와 몰리나(M. Molina)가 수행한 연구가 하나의 극적인 사례가 될 수 있다. 그들은 1995년 환경과학 분야의 공로로 노벨 화학상을 수상했다. 프레온가스(CFCs)는 인간이 만든 화학제품으로 1940년대 이후 압축가스를 이용한 깡통의 제조와 냉동 과정에서 주로 사용되었다.[18] 1970년대 롤런드와 몰리나는 CFC분자가 수십 년 동안 존재한다고 주장하였다. 그리고 그들은 CFC분자가 지구를 감싸고 자외선을 막아주는 오존층으로 올라간다는 것을 보여주었다. 거기서 프레온 가스는 화학적으로 상호작용하여 오존을 파괴한다. 1974년 두 화학자가 출판한 책에서는 이 파괴의 과정을 방정식으로 제시하고 있다. 롤런드와 몰리나는 자신들의 연구 결과에 놀라 듀퐁사(DuPont Corporation)가 이끄는 연간 20억 매출 기업에 도전하는 공적 관계 캠페인을 주도하였다. 결국 1978년 환경보호청은 프레온 가스의 생산 중단을 위한 법률을 공포하게 되었다.

---

18 Sherwood Rowland, "Ozone Hole," in *Life Stories*, ed. Heather Newbold, (Berkeley: University of California Press, 2000), 134-40; and Aisling Irwin, "An Environmental Fairy Tale: The Molina-Rowland Chemical Equations and the CFC Problem," in *It Must Be Beautiful: Great Equations of Modern Science*, ed. Graham Farmelo, (London: Granta Books, 2003), 87-109.

제품 생산을 금지하는 공고는 급속도로 프레온 가스를 대체할 환경 친화적 기술 개발에 자극을 주었다. 프레온 가스 문제는 아직도 사라지지 않고 있으며, 프레온 가스에 의해 야기된 해악은 수십 년간 계속될 것이다. 하지만 오존층은 스스로 개선되고 있다.

과학적 창의성은 도덕적 문제를 해결할 열쇠가 될 수는 없을지라도 창의적인 도덕추론에 적합한 정보를 제공할 수 있다. 줄기세포 연구에 관한 공공 정책을 위한 권고를 살펴보자. 1978년 영국에서 첫 시험관 아기가 탄생했다. 그 과정은 난자의 수정, 전형적으로 과정 말미에 나타나는 여분의 배아 때문에 문제를 낳는다. 여분의 배아는 어떤 문제를 일으키는가? 특히, 체외수정의 안전성과 여타의 중요한 문제(우리가 지금 알고 있는 것처럼 줄기세포 연구 포함)에 대한 지식을 얻기 위해 배아 실험을 하는 것은 허용될 수 있을까? 과학은 이 문제에 답할 수 없다. 그러나 과학은 개인적 결정과 사회 정책에 적합한 정보를 제공할 수 있다.

1982년 영국은 재생산이 목적이 아닌 치료 목적으로 이루어지는 복제와 관련하여 장관들에게 법률 자문을 하는 국립위원회를 창립하였다. 유명한 철학자 워녹(Mary Warnock)이 그 위원회의 책임자가 되었다.[19] 그녀의 첫 임무는 의료 전문가들이 과학과 관련된 정보를 위원회에 제공하도록 하는 것이었다. 이런 도움으로 위원회는 창의적인 과학이 창조하였으나 해결할 수 없었던 정말 새로운 상황에 직면해 있다는 것을 알게 되었다. 인류 역사상 수정된 인간의 난자가 여성의 몸 외부에서 생육된 적은 결코 없었다. 그 이슈는 생명체가 언제 시작되는지의 문

19 Mary Warnock, *Nature and Moralit: Recollections of a Philosopher in Public Life* (New York: Continuum, 2003), 69-110.

제가 아니었다. 왜냐하면, 모든 세포들은 살아 있고, (정자와 난자를 제외하고) 모든 DNA를 소유하고 있기 때문이다. 그 이슈의 쟁점은 사용되지 않은 배아를 어떻게 처리하는 것이 도덕적으로 수용할 수 있는 사회정책인가 하는 점이었다.

위원회는 사용되지 않은 배아의 소유자들이 합의한다면, 그 배아에 대해 14일 동안만 실험하고 그 이후는 파괴해야 한다고 권고했다. 여러 이유들이 이러한 권고를 지지했다. 한편, 위원회는 해당 연구가 가능성이 있다면, 그리고 그 배아가 결국은 어떻게든 파괴된다면 실험을 허용할 수 있다고 결정했다. 다른 한편, 위원회는 보다 성장한 태아에 대해서도 실험을 할 수도 있지 않을까 걱정하는 국민들의 우려를 불식시키기 위해 시간을 확실히 제한하기로 결정했다. 14일은 보통 배아가 자궁벽에 안착하고 발달을 가속화하기 시작하는 시기와 일치할지라도 이 14일의 제한은 상당히 임의적인 것이다. 그러나 그 제한은 배아가 고통과 쾌락을 느끼지 않는다는 그들의 관점에 근거를 둔 것이었다. 대부분의 위원들은 배아가 아직은 생명권을 가진 인격체가 아니라는 것을 확신하고 있었다. 명백하게 이 지속적 신념은 논쟁의 여지가 있다. 임신중절에 대해 자유주의자들은 위원회의 결정을 창의적인 타협책으로 간주하지만, 보수주의자들은 결코 도덕적으로 창의적인 결정이라고 보지는 않을 것이다(앞으로 배아를 파괴하지 않고도 새로운 줄기세포를 제공하는 새로운 즉각적 대응책이 나타나길 희망한다).

도덕적 창의성의 모델

워녹 위원회는 과학 분야(그리고 다른 분야)의 공공 정책에 대해 여러 가지 창의적인 도덕적 의사결정들을 내렸다. 이를 테면, 핵심 이슈를 정확히 지적하고 적절한 과학적 탐구를 수행하며, 다른 관점에 대해 응답하고, 합당한 타협을 이루고, 선택한 것에 대해 상상력을 발휘하여 평가하는 등 창의적인 도덕적 결정을 내렸다. 그리고 적합한 도덕적 가치를 해석하고 통합하는 데 정당한 판단을 내렸다. 물론 일상적인 도덕적 의사결정 역시 이런 활동들을 포함한다. 그 활동들이 가치 있고 새로운 결정과 결과를 낳을 때 도덕적 창의성은 비로소 생긴다.

도덕적 창의성은 무(scratch)에서 도덕적 가치를 발명해내는 것을 의미하지 않는다.[20] 그런 혼란스런 관념은 사르트르(Jean-Paul Sartre)에 의해 제시되었다.[21] 그는 "도덕적 선택이 예술작품의 창작과 비교될 수 있다"[22]고 주장했다. 사르트르에 따르면, "나의 자유는 가치의 독특한 기초다. …… 아무것도, 절대적으로 아무것도 이런저런 특별한 가치, 이런저런 특별한 가치의 규모를 채택할 때 나를 정당화하지 못한다."[23] 이런 관점은 옳거나 그른 선택 혹은 도덕적 시각이 없다는 것으로 선택의 자유를 강조하는 진정성의 요구를 넘어서서 도덕성 자체에 대한 무지를 보여줄 뿐이다. 우리가 도덕적 의사결정의 특징을 발명으로 규정하고 있는 사르트르의 입장을 따르면 우리는 적어도 그가 포기한 이상에

---

20 Mary Midgley, "Creation and Originality," in Mary Midgley, *Heart and Mind: The Varieties of Moral Experience* (New York: St. Martin's Press, 1981), 54 참조.

21 옮긴이 주: 사르트르에 따르면, 인간은 만들어진 존재가 아니라 스스로 만들어가는 존재다. 그래서 인간은 자신의 도덕을 선택하고 스스로가 자신의 법칙을 발명할 수밖에 없다는 것이다. 그러나 본서의 저자 마틴은 이러한 사르트르의 입장에 대해 비판하고 있다.

22 Jean-Paul Sartre, "Existentialism Is a Humanism," trans. P. Mairet in *Existentialism from Dostoevsky to Sartre*, ed. Walter Kaufmann, (New York: New American Library, 1975), 364.

23 Jean-Paul Sartre, *Being and Nothingness*, trans. Hazel E. Barnes (New York: Washington Square Press, 1966), 76.

호소해야 한다. 즉 책임 있는 발명, 책임(의무)을 합당하게 고려하는 발명에 호소해야 한다는 것이다.

그러나 사르트르의 예술 유비추론은 과학적 창의성에 대한 유비추론보다 도움을 주지 못한다. 과학의 창의적 발견은 세계가 존재하는 방식에 대한 통찰력을 갖게 한다. 왓슨(Watson)과 크릭(Crick)은 DNA의 구조를 확인했다. 그들은 옳았다. 그들은 진리를 발명한 것이 아니라 발견했다. 이와 마찬가지로, 창의적인 산출물이 과학적 진리라기보다 도덕적으로 수용할 수 있는 행위의 과정일지라도 대부분의 도덕적 의사결정은 발견을 포함한다.

공학의 창의성은 더욱 좋은 도덕적 창의성의 메타포와 모델을 제공한다. 윗백(Caroline Whitbeck)이 지적하는 바와 같이, 공학자들은 불확실한 상황에서 분명한 목표를 가지고 출발한다.[24] 때때로 자신들이 직면한 문제를 규정하거나 재규정하는 것이 공학자들의 가장 중요한 과제다.[25] 그들은 이용 가능한 자료, 비용과 혜택, 고객에의 유용성, 법적 · 도덕적 제약 조건 등을 포함하여 여러 가지 다양한 설계상의 제약 조건을 수용하고 통합해야 한다. 그들은 일반적인 과학적 지식, 유사한 문제들에 대한 이전의 해결책(벤치마킹)을 고려한다. 때때로 하나의 옳은 행위 과정이 있으면, 도덕적 창의성은 그것을 분별한다. 다른 때는 여러 가지 수용할 수 있는 결과가 존재한다. 공학자들은 집단으로 활동하기 때문에 다른 사람들의 관점을 고려해야 하고, 동료나 직원 그리고 고객과의 합당한 타협을 모색해야 한다. 공학 모델의 이러한 특징은 위녹 위원회에도 적용된다. 그 위원회가 직면한 과제는 다양한 도덕적 이

---

24 Caroline Whitbeck, *Ethics in Engineering Practice and Research* (New York: Cambridge University Press, 1998), 53–73.

25 Fogler and LeBlanc, *Strategies for Creative Problem Solving*, 1–5.

상을 통합하는 것이며, 이는 개인의 권리 존중으로부터 공중 보건까지 다양하다. 그 이상들은 많은 참여자들의 정보에 기초하여 이루어진 합리적 타협과 합의에 따라 결정된다.

미국의 실용주의자들은 공학적 메타포를 적용하여 도덕적 창의성과 도덕추론을 이해한다. 특히 듀이(John Dewey)는 생산과 디자인, 구성과 재구성, 도구와 '실험 공학'의 메타포를 인용하여 지적, 창의적 도덕추론의 특징을 표현한다.[26] 구태의연하게 고정된 규칙을 적용하기보다 합당한 도덕적 결정은 "갈등과 불안을 야기하고 숙고하게 만드는 각 상황적 요소를 조화시키고 조직하며 기능하게 한다"[27] 보다 최근 스타우트(J. Stout)는 창의적 도덕추론의 특징을 '도덕적 브리콜라주[28](moral bricolage)'로 설명한다. 이에 따르면, 우리는 당장 지니고 있는 도덕적, 개념적 자원이면 무엇이든 사용하여 문제에 대한 합당한 해결책을 강구하기 위해 "분해하고, 결합하며, 정리하고, 가치를 평가하고, 제거하며, 채운다."[29] 월리스(J. Wallace)는 도덕적 의사결정에는 "전례 없이 어려

26 John Dewey, *Human Nature and Conduct* (New York: The Modern Library, 1957 [1922]), 139. 그리고 Larry A. Hickman, *John Dewey's Pragmatic Technology* (Bloomington: Indiana University Press, 1990), 111 참조.

27 John Dewey, *Human Nature and Conduct*, 183.

28 옮긴이 주: 브리콜라주(bricolage)는 레비스트로스가 신화(神話)와 의식(儀式)으로 대표되는 용어로, 한정된 자료와 용구를 가지고 다양한 일을 능숙하게 수행하는 것을 뜻한다. 이러한 브리콜라주를 수행하는 사람이 브리콜뢰르(bricoleur)인데, 그는 부족사회의 문화 담당자로서 한정된 자료와 용구를 가지고 작업할 수밖에 없기 때문에 이전에 산출한 물건들을 변통하는 법을 자연스럽게 배우게 된다. 그래서 이전의 목적은 이제 수단이 된다. 레비스트로스는 이러한 브리콜뢰르의 활동을 현대의 과학자, 공학자, 예술가의 활동과 구별한다. 하지만 현대의 상당수 이론가들은 이론의 실천이란 과거에 정립한 개념과 사상을 이용하여 행하는 일종의 브리콜라주라고 보고 있다.

29 Jeffrey Stout, *Ethics After Babel: The Languages of Morals and Their Discontents*,

운 일에 실천적 지식을 적용할 때 요구되는 영리하고 계산적인 임기응변과 풍부한 발명의 덕"[30]이 필요하다고 주장한다.

예술의 아름다움과 과학의 아름다움

어떤 학자들은 '창의성'이란 용어를 예술에 국한시키고 과학에는 '발견'이라는 용어를 사용할 정도로 과학의 창의성은 예술의 창의성과 다르다. 예술의 창의성은 전형적으로 음악, 그림, 조각, 소설, 영화 또는 다른 인공물을 표현하고 전달하는 것을 함축한다. 이와 대조적으로 과학의 발견은 개인과 관련이 없는 비인격적 진리를 발견하는 것으로, 과학자들에게 동기를 유발하는 정서를 거의 언급하지 않는 잡지에서 다루어진다. 밀러(Arthur I. Miller)에 따르면, "예술가들은 매우 개인적인 산출물을 통해 자신들의 가슴과 영혼을 세계에 털어놓는다. 반면, 근대 과학자들은 개인적인 편지와 미출간된 원고에는 나오지만 자신들이 마음속에 품고 있는 희망, 꿈, 열망, 그리고 고뇌를 공개적으로 털어놓지 않는다."[31]

그러나 이러한 고정관념은 부분적으로만 정확할 뿐이다. 이는 창의

---

rev. ed. (Princeton, NJ: Princeton University Press, 2001), 74. 스타우트(Stout)은 브리콜라주를 하는 사람의 모델(the bricoleur model)을 레비스트로스(Levi-Strauss)로부터 차용한다. 레비-스트로스는 브리콜라주를 하는 사람(무엇이든지 다 할 수 있는 사람)을 공학자(전문 디자이너)와 대조시킨다. 스타우트이 경시하는 대조 말이다. Claude Levi-Strauss, *The Savage Mind* (Chicago: University of Chicago Press, 1966), 16-17.

30 James D. Wallace, *Moral Relevance and Moral Conflict* (Ithaca, NY: Cornell University Press, 1988), 93-94.

31 Arthur I. Miller, *Insights of Genius: Imagery and Creativity in Science and Art* (Cambridge, MA: MIT Press, 2000), 430.

성의 개념을 예술에 국한시키는 것을 정당화하지 못한다. 새롭고 가치 있는 산출물을 만들어내는 것으로 규정된 창의성은 과학과 예술에 동등하게 적용된다. 더 나아가 발견, 제작, 발명의 요소들은 모든 영역에서의 창의성과 관련이 있다. 따라서 과학자들은 새로운 모델을 발명하여 여러 현상들을 설명하고 새로운 상징을 발명하여 그 모델을 수학적으로 표현할 수 있다. 또한 식물학과 동물학의 구조 분류는 발견과 발명을 결합시킨다. 반대로 예술가들은 새로운 패턴을 발견하고 진리를 전달한다. 이 진리에는 인간 경험에 대한 보편적 진리가 포함된다.[32] 그 진리란 인간의 경험과 관련이 있다. 그러나 과학조차도 직접적이든 간접적이든 감정적으로 공명하는 인간의 경험이나 관찰과 관련을 맺어야 한다.

그 뿐만아니라 과학의 창의적인 산출물은 미학적 차원을 가진다. 일단 외부의 기술 잡지에서 과학자들은 자주 발견의 아름다움에 대해 이야기하곤 한다. 그들은 놀라움, 경외심, 기쁨, 흥분, 사랑, 쾌락, 고요함, 불안, 경외감, 공포, 그리고 신비스리움을 표현한다. 아름다움은 이러한 정서들로 환원되지 않는다. 대신에 아름다움은 세계의 미학적 특징으로 구성되며, 소중하게 여길만한 가치가 있는 세계의 과학적 표상으로 구성된다. 이런 특징들에는 질서와 조화, 통일과 전체, 형식과 패턴, 단순성과 우아, 대칭과 비율, 호화로움과 장엄함, 거대함과 다양성이 포함된다. 이와 같이, 우리가 과학을 이야기하든 예술을 이야기하든 아름다움은 주관적, 객관적 측면을 지니며, 정서적, 미학적 분별과 관계가 있다.

허치슨(Francis Hutcheson)은 과학적 아름다움의 추상화의 범주나

---

32 Gunther S. Strent, "Meaning in Art and Science," in *The Origins of Creativity*, ed. Karl H. Pfenninger and Valerie R. Shubik, (New York: Oxford University Press, 2001), 31-42.

수준을 세 가지로 구분했다.[33] 첫 번째 수준은 생명체와 자연대상 그리고 자연의 힘으로 구성된다. 은하수의 아름다움이나 뇌의 구조를 감상하는 것은 예술작품을 감상하는 것과 유사하다. 두 번째는 패턴을 기술하고 그 규칙성을 설명하는 이론과 모델에서 보여주는 것처럼 자연의 규칙성으로 구성된다. 세 번째는 수학적 정식의 아름다움으로서, 여기에는 순수 수학의 정식과 과학적 이론을 정식화하는 데 사용되는 정식이 포함된다.

복잡성과 혼돈(chaos)을 $e=mc^2$ 와 $f=ma$와 같이 우아한 정식으로 압축하는 수학적 단순성은 과학적 아름다움의 가장 친숙한 패러다임이다. 그러나 단순성은 다른 것을 의미할 수 있다.[34] 상징의 경제는 아마도 (1) 뉴턴이나 아인슈타인의 예처럼 상징을 거의 사용하지 않는 것을 의미하거나, 대신에 (2) 진리를 표현하는 데 필요한 최소한의 상징을 사용하는 것을 의미한다. 양자역학과 끈(string)이론의 정식들은 매우 복잡하다. 그래서 첫 번째 의미에서 단순하지 않지만 두 번째 의미에서는 단순할지도 모른다. 다시 말하면, 단순성은 수학적 표상과 관련이 있기보다는 아름답고 변화하는 세계의 구조적 특징과 관련이 있다.

더구나 소규모임에도 불구하고 예술가들처럼, 과학자들은 자신들의 미학적 판단과 감수성에서 일치를 이루지 못한다. 『과학의 아름다움과 혁명』(*Beauty and Revolution in Science*)이라는 책에서 매컬리스터(James W. McAllister)는 수학에서 지배적인 감수성이란 "통일성, 경제

---

33 Francis Hutcheson, *An Inquiry Concerning Beauty, Order, Harmony, Design*, ed. Peter Kivy (The Hague: Martinus Nijhoff, 1973). Discussed by James W. McAllister, *Beauty and Revolution in Science* (Ithaca, NY: Cornell University Press, 1996), 18-21.

34 Gideon Engler, "Aesthetics in Science and in Art," *British Journal of Aesthetics* 30, no. 1 (January 1990): 29-30.

성, 대칭, 일관성, 균형, 조화, 질서, 그리고 생명"이라는 고전적 감수성이지만 생물학과 역사에서는 "다양성, 차이, 복합성, 그리고 유기체주의의 가치를 평가하는 미학"[35]이라는, 보다 낭만적인 미학이 존재한다고 지적한다. 허치슨조차도 자신의 미학을 다양성 속의 통일성으로 발전시키면서 아름다움의 초점이 통일성이나 다양성이 되어야 한다고 강조한다. "우리에게 아름다움의 관념을 자극하는 것들은 다양성 속에서 통일성을 이루고 있는 대상들인 것 같다. …… 수학적 스타일로 말하면, 우리가 아름답다고 하는 대상은 통일성과 다양성이 조화를 이루고 있는 것 같다. 그래서 신체의 조건이 통일성을 갖추고 있다면, 다양성이 아름다움의 초점이 되고 신체의 조건이 다양성을 갖추고 있다면 통일성이 아름다움의 초점이 된다."[36]

과학에서 단순성은 진리에 속한다. 여기서 우리는 진리의 추구와 진리의 확신을 구분해야 한다. 단순성에 대한 연구, 보다 일반적으로 아름다움에 대한 연구는 부분적으로 많은 연구자들의 진리 추구를 자극한다. 그리고 이것은 경쟁하는 이론들을 선택하는 하나의 요소다. 디랙(Paul Dirac)은 다음과 같은 유명한 말을 남겼다. "평형(equation)을 실험하는 것보다는 평형의 아름다움을 가지는 것이 보다 더 중요하다."[37] 하지만 이는 과장인 것 같다. 많은 이론은 과학자들에게 아름다운 인상을 주지만 나중에는 오류로 밝혀진다. 아인슈타인은 수학적 아름다움을 숭배하고 자연의 의미를 신비롭다고 규정했지만, "물론 경험이 수학

35 James W. McAllister, "Introduction to Recent Work on Aesthetics of Science," *International Studies in the Philosophy of Science* 16, no. 1 (2002), 9.

36 Francis Hutcheson, *An Inquiry Concerning Beauty, Order, Harmony, Design*, 40.

37 Paul Dirac, "The Evolution of the Physicist's Picture of Nature," *Scientific American* 208, no. 5 (1963): 47.

적 구성의 물리적 유용성의 유일한 준거로 남는다"[38]고 강조했다.

매컬리스터가 강조하는 바와 같이, 과학자들은 과학적 이론의 진리를 평가하는 데 공유된 표준을 중요하게 여겨야 하고, 일반적으로 그렇다. 그 표준이란 경험적 내용과 검증 가능성, 내적 정합성, 경험적 데이터의 일관성, 새로운 데이터의 예측력, 여타의 확증된 이론과의 합치도, 그리고 설명력 등을 의미한다. 미학적 관심은 진리 중심적 준거를 보완하고 강조함으로써 과학이론에 영향을 끼치는 것이 틀림없다. 매컬리스터에 따르면, 미학적 준거는 이론들이 경험적 진리를 설명할 수 있고 다른 확증된 이론과 양립할 수 있을 정도이면 적용된다. 즉, 아름다운 설명이라고 간주되는 것은 부분적으로 이론이 사실에 얼마나 잘 부합된다고 지각되느냐에 달려 있다. 단순성과 진리의 유사한 관계는 건축학과 공학과 같이 과학을 응용한 학문에서 유효하다. "이론의 경험적 성공은 공동체의 미학적 정전(canons) 내에서 그런 이론이 어느 정도 미학적 특성을 가지는지 그 가치를 결정하는 데 기여한다."[39] 전자기 복사가 흐르는 유비쿼터스 에테르(ubiquitous ether)의 관념은 경험적 증거에 반대로 보일 때까지는 아름답게 보였다.

탁월한 과학적 진리와 이해를 바탕으로, 우리는 이제 과학자들을 안내하는 진리 중심적 덕과 이상에 대해 충분히 살펴볼 수 있다. 그렇게 함으로써 우리는 이런 덕과 이상이 왜 도덕적 창의성에 기여할 뿐만 아니라 그 자체로 도덕적인 것인가를 알 수 있을 것이다.

---

38 Albert Einstein, *The World as I See It*, Graham Farmelo, "Foreword" to *It Must Be Beautiful: Great Equations of Modern Science*. xv에서 재인용.

39 James W. McAllister, *Beauty and Revolution in Science*, 160. 그리고 10-11, 78-81을 보라.

3
지적 덕

지적 덕은 인식론적 덕 혹은 진리 중심적 덕이라 불리며, 여기에는 지혜, 진리에 대한 사랑, 지적 정직성, 지적 용기, 지적 겸손, 지적 통합성, 그리고 지적 문제와 관련된 자기존중이 포함된다. 지적 덕은 과학의 도덕적 창의성에 크게 기여한다. 일반적으로 지적 덕은 도덕적 덕으로 간주되어야 한다. 과학적 창의성은 그 자체로 덕이 아니다. 오히려 과학적 창의성은 새롭고 가치 있는 산출물을 만들어내는 성취라 할 수 있다. 심지어 과학의 창의적인 성향은 도덕적 목적에 기여하는 한 도덕적 덕이라고 규정할 수 있다.

모범적 사례

다윈은 지적 덕을 발휘하여 과학적 창의성을 이룩하였다. 다윈은 열성적으로 과학적 이해를 추구하는 데 헌신하였다. 그는 그런 이해 추구의 과정을 통해 수많은 요소들을 융합시키는 데 성공하였으며 특히 과학을 열렬히 사랑하였다.[1] 그는 10대부터 과학을 사랑하였으며 그가 비글

1 Charles Darwin, *The Autobiography of Charles Darwin*, ed. Nora Barlow (New

호(the *Beagle*)에 탑승하여 실습 과학 탐험자로 봉사한 5년간 그 사랑은 깊어졌다. 『종의 기원』, 『인간의 유래』, 그리고 여타의 창의적인 수십 권의 책이 출간된 30여 년 동안 그 사랑은 지속되었다.

다윈은 일생 동안 그의 가장 유명한 이론, 즉 종들이 자연 선택에 의해 공동의 조상으로부터 진화되었다는 진화론과 직접 관련된 과학에 초점을 맞추었다. 그 이전이나 이후에도 그만큼 과학에 정통한 사람은 없었다. 그는 지질학, 고생물학, 비교해부학, 발달생물학, 민족학, 심리학 등에 정통했다.[2] 이러한 전문적 식견과 집중은 어린 시절 그토록 좋아했던 시와 드라마를 멀리한 희생 위에 성취된 것이다. 그는 자신의 "영혼이 수많은 사실들 중에서 하나의 일반 법칙을 추출하는 기계와도 같았다"[3]는 말을 했다. 그러나 그가 관찰과 실험을 즐겁게 행할 때 과학을 사랑하고 심오한 설명을 발견해내고자 하는 그의 열정은 결코 기계에 비견될 수 없다.

다윈의 창의성을 입증하는 덕에는 지적 정직성, 성실성, 겸손, 인내, 자기존중과 용기 등이 있다. 첫째, 정직성은 진리에 대한 존중에 뿌리를 둔 정직함과 신뢰성으로 구성되어 있다. 다윈의 정직함은 증거에 대한 존중뿐만 아니라 강한 사고의 독립성을 의미한다. 평소 그는 "다른 사람들이 이끄는 대로 맹목적으로 따라 움직이지 않았다." 그리고 그는 "가설과 반대되는 사실들이 나타나면, …… 아무리 소중히 여긴 가설이라도 버릴 만큼 자유로운 생각을"[4] 갖기 위해 노력했다. 그는 자신의 관

York : W. W. Norton, 1958), 141. 내가 그의 자서전에서 인용할지라도, 다윈의 자기평가는 수많은 전기 작가들에 의해 입증되고 있다.

2 Niles Eldredge, *Darwin : Discovering the Tree of Life* (New York : W. W. Norton, 2005), 91-92.

3 Darwin, *Autography*, 139 ; cf. 109.

4 Darwin, *Autography*, 141.

점들에 대한 비판을 즉시 기록하는 습관을 '황금률' 처럼 여겼기 때문에 반증 사례를 무시하려는 자연적 경향과 맞섰으며, 나중에는 출판물을 통해 그 비판들에 대해 하나하나 반응할 수 있었다.[5] 그는 또한 노련한 작가로서 추론의 명료함과 주의를 위해 인내심을 가지고 힘겹게 노력했다.

성실성에 관해서 말하면, 다윈은 "다른 사람들이 쉽게 주의를 기울이지 못하는 것들을 주의 깊게 관찰하고 주목하는 능력이 보통 사람보다 뛰어나다"[6]고 생각했다. 그의 세심함은 수집하는 습관을 보면 알 수 있다. 그는 그의 수집 습관을 이렇게 회상했다. "고목의 껍질을 벗기고 있을 때, 나는 두 마리의 희귀한 딱정벌레를 보았다. 양손에 한 마리씩 잡았다. 그런데 나는 결코 놓칠 수 없는 새로운 종류의 세 번째 딱정벌레를 보았다. 그래서 나는 오른손에 있었던 딱정벌레를 입속에 넣었다."[7] 이 사례를 통해서 볼 때 그의 성실성은 완전히 성공적인 것이라 할 수 없다. 입속의 딱정벌레가 톡 쏘는 바람에 그의 혀는 불타올랐고 두 손에 잡고 있던 딱정벌레마저 놓치고 말았기 때문이다.

다윈의 성실성은 인내와 중첩이 된다. 그리고 "어떤 주제에 대한 심사숙고 및 무한한 인내"와 "사실을 관찰하고 수집하는 근면성"[8]에 잘 나타나 있다. 이러한 인내와 근면성은 점진적으로 나타났는데, 이는 광물을 수집하고 야생동물을 관찰한 어린 시절 취미들로부터 시작되었다. 그런 인내와 근면성은 의과대학에서의 2년과 성공회 사제가 되기 위해 공부했던 3년 사이에 더욱 강화되었고, 비글호에서 지낸 5년의 항

---

5 Darwin, *Autography*, 120, 123.

6 Darwin, *Autography*, 141.

7 Darwin, *Autography*, 62.

8 Darwin, *Autography*, 145.

해 시절에 그 절정을 이루었다. 그는 성인이 되어서 가족생활을 제외하고는 일생을 공부와 글쓰기에 집중하였으며, 인내와 근면성은 조금도 수그러들지 않다. 그는 먹고 살기 위해 일을 해야 할 필요까지는 없을 만큼 충분한 상속을 받았다. 이런 경제 사정을 감안할 때, 그의 헌신은 주목할만한 것이었다.

다윈은 진리 탐구에 힘쓴 지적 겸손의 모델이다. 그가 19세기의 가장 위대한 과학자이고 시대를 통틀어 가장 창의적으로 생각하는 사람들 중의 한 사람이었고 자기평가에 겸손했으며, 오만하지 않았다는 사실은 주목할만하다. 그는 놀랄 만큼 절제된 표현으로, "나는 믿지 않지만 가령 모든 공정한 변호사나 의사가 반드시 수준 높게 가져야 할 그런 상식이나 판단 능력, 그리고 발명 능력을 적당히"[9] 가지고 있다고 말했다. 동시에, 거짓된 겸손을 피하면서, 그는 그의 책들이 다양한 독자층을 확보하고 있으며 그의 "이름이 몇 년 동안 지속될 수 있다"[10]는 것을 알고 있었다. 비록 그는 일반적 명성을 추구하지 않았지만, 다른 과학자들로부터 인정받기를 원한다고 고백한다. 이러한 열망은 발견에 대한 그의 열정을 왜곡하기보다는 지지한다.[11]

그의 지적인 겸손은 창의적인 과학자가 되고 싶고 그렇게 인정받고 싶은 그의 열망과 뒤섞여 있다.

자기존중은 지적인 노력을 하는 데 필수적인 합당한 자기사랑, 자기책임, 자기확신과 결합된다. 전기 작가들은 다윈의 자기존중을 비글호에서 있었던 그의 여행에서 찾는다.

---

9 Darwin, *Autography*, 140.

10 Darwin, *Autography*, 139.

11 Darwin, *Autography*, 141.

5년 동안 그는 세상을 등지고 살면서 오랜 방황에서 벗어났으며, 방향 없는 불안정한 자아로부터 벗어났다. 새로운 확신과 성실함이 생겨났다. 그는 혹독한 상황에서 슬기롭게 살아남았고, 전쟁과 야만인과 마주치기도 했다. 그리고 그는 안데스 산맥을 돌아다니기도 했다. 그는 그 자신이 살아 있다는 것에 대해 감사한 마음을 가졌다. 그는 주체적인 사람이 되었으며, 스스로 생각하고, 권위에 도전할 정도로 확신도 갖게 되었다.[12]

결국, 다윈은 용기 있는 사고자가 되었다. 그의 진화론은 생물학과 이와 관련된 과학들에서 지배적인 위치를 점하고 있는 신념뿐만 아니라 광범위하게 존재했던 종교적 신념들과도 충돌했다. 그는 이미 정립된 신념들에 도전하는 대담한 아이디어를 추구함으로써 지적 모험을 감행하였다. 또한 그 용기는 더 넓은 사회와 동료들로부터 조롱을 받을 위험을 무릅쓴 사회적 용기로서의 특징도 가지고 있었지만, 그의 사회적 용기는 명백히 한계도 가지고 있었다. 브루노(Bruno)나 갈릴레오(Galileo)와는 달리, 그는 종교재판으로 죽음의 위협을 받지는 않았다. 그러나 그는 이단자라는 비난이 그의 가족에게 쏟아질까봐 매우 두려워했다.[13] 그는 야망이 있었지만 공격적이지는 않았다. 그리고 그는 자신의 이론이 폭발성을 지닌 논쟁거리가 될 것이라는 것을 알고 그 출판을 인생 후반까지 미루었다. 1859년 『종의 기원』을 완성하고 출판하게 된 것도 월리스(A. R. Wallace)가 진화에 대해 독자적인 발견을 했기 때문이었다. 다른 사례에서도 알 수 있듯이, 그는 친구들이 자신을 공적인 토론에 슬쩍 끼워주기를 은근히 원했다.

---

12 Adrian Desmond and James Moore, *Darwin* (New York: W. W. Norton and Company, 1991), 196.

13 Desmond and Moore, *Darwin*, 296.

심리적 실재론

물론, 한 모범적인 과학자의 사례가 과학적 창의성에 끼친 지적 덕들의 기여를 일반화시킬 수는 없다. 그 기여에 대한 탐구는 내가 검토한 엘리언(Elion), 솔크(Salk), 팔친스키(Palchinsky) 등을 포함해 다양한 사례들을 바탕으로 해야 한다. 가장 중요한 것은, 이 일은 창의적 과학자들의 과학적 연구들을 고려해야 한다는 것이다. 그런 연구들은 심리적 실재론을 지지한다. 여기서 심리적 실재론이란 인간의 본성을 도덕적 반성의 틀로 보는 견해를 말한다.[14] 심리적 실재론은 동기와 헌신의 순수성을 이상화(idealization)시키지 않고, 과학에서 지적 덕의 역할을 인정한다(아마도 몇몇 과학자들은 이러한 관점에서 다윈을 좋아한다). 심리적 실재론은 또한 우리가 인격을 규정하는 개별적 덕을 말하든 일련의 덕들(그리고 악덕들)을 말하든, 덕이 전부(all) 아니면 전무(nothing)라는 견해를 부정한다. 무엇보다도 심리적 실재론은 경멸적인 의미를 내포한 도덕주의(moralism)를 거부한다. 도덕주의는 비현실적인 도덕적 규칙이나 이상을 옹호하고, 맥락에 둔감하며, 도덕적으로 편협하고, 독단 그리고 경직성을 지니며, 부당한 도덕 판단을 내리고, 설교하려 하며, 불공정한 이득을 취하기 위해 그릇된 도덕 판단을 내리는 것을 말한다.[15]

심리적 실재론을 탐구할 때, 나는 몇몇 선도적인 심리학자들을 인용하고자 한다. 그들은 창의성을 설명하기 위해 다양한 요소들을 통합시

14 Owen Flanagan, *Varieties of Moral Personality: Ethics and Psychological Realism* (Cambridge, MA: Harvard University Press, 1991), 32.

15 Haavard Koppang and Mike W. Martin, "On Moralizing in Business Ethics," *Business and Professional Ethics Journal* 23, no. 3 (2004): 107-14를 참조.

킨 '융합이론(confluence theory)'을 발전시켰다. 보통 심리학자들은 덕과 가치라고 명백히 말하지는 않지만, 그 요소들 중 많은 것은 지적 덕이다. 여기에 다윈의 덕에 관련된 몇 가지 실증적인 연구가 있다.

진리에 대한 사랑과 관련하여, 스턴버그(R. Sternberg)는 창의적인 개인들이 발표한 수많은 연구들이 본래적 동기의 우선성을 강조한다고 보고했는데, 그 말은 동기가 돈이나 명성과 같은 외적인 보상보다는 일의 의미를 구성하는 과제에 집중한다는 것이다.[16] 창의적인 개인들은 "잠재적인 보상보다는 자신들이 하고 있는 일을 사랑하며, 이에 집중한다."[17] 콜린스(M. A. Collins)와 애머빌(T. Amabile)[18]은 모든 분야에서 "일에 대한 사랑이 창의성의 큰 장점"[19]이라는 데 동의한다. 사랑은 본래적인 동기를 포함한 깊은 관심인데, 그 본래적 동기는 "일차적으로 어떤 활동 자체에 참여하는 동기부여를 의미한다. 왜냐하면 개인들은 그 활동에 흥미를 느끼고, 열중하게 되며, 만족하고, 도전의식을 심어준다고 인식하기 때문이다."[20] 창의적인 과학자들은 일에서 고도의 동기부여를 받고, 호기심을 가지며, 탁월성의 표준을 기꺼이 따르고 창의적인 사람이 되고자 열망한다.[21]

---

16 옮긴이 주: 스턴버그는 지적 과정(지능), 지식, 사고양식, 인성, 동기, 그리고 환경적 맥락 등 6가지 자원들이 균형 있게 상호작용해야 창의성이 성취된다고 주장한다.

17 Robert J. Sternberg, *Wisdom, Intelligence, and Creativity Synthesized* (New York: Cambridge University Press, 2003), 108.

18 옮긴이 주: 애머빌은 창의성 저해 요인으로 평가, 보상, 경쟁, 제한된 선택을 들고 있다.

19 Mary Ann Collins and Teresa M. Aamabile, "Motivation and Creativity," in *Handbook of Creativity*, ed. Robert J. Sternberg, (New York: Cambridge University Press, 1999), 308.

20 Collins and Amabile, "Motivation and Creativity," 299.

21 Gregory J. Feist, "The Influence of Personality on Artistic and Scientific Creativ-

창의적인 열망은 필수적이다. 스턴버그는 창의적인 열망의 중요성을 강조하기 위해, "대체로 창의성은 하나의 결단"[22]이라고 말한다. 창의성에 대한 헌신은 생겨나는 것이다. 따라서 어떤 문제에 접근할 때 개인적인 사고양식을 개발할 뿐만 아니라, 오랜 시간 어떤 영역에 필요한 지적 기술과 확고한 지적 기초를 개발하는 것이 학문연구를 자극한다고 할 수 있다. 과학적 창의성을 갖고자 하는 욕망은 인정과 성취에 대한 욕망에 의해서 동기화되며 이해에 대한 사랑에 의해서 동기화된다. 더구나 파이스트(G. Feist)는 "가장 저명하고 창의적인 과학자들 역시 덜 저명한 동료들보다 더 의욕이 넘치고, 열망이 있고, 성취 지향적인 경향이 있다"[23]고 말한다. 스턴버그는 그들이 "장애물을 극복하고자 하는 의지, 현명하게 위험을 감수하는 의지, 애매함을 참아내는 의지와 자기효율성" — 인내, 용기와 자기존중과 직접 관련된 요소들 — 을 보여준다고 덧붙인다.[24] ('자기효율성' 은 위 행동에서 보여주는 것처럼 자기확신과 자존감을 의미한다.)

진리에 대한 사랑과 발견을 향한 욕망은 이기적인 동기들과 혼합되지 않는다는 의미에서의 순수성을 거의 가지고 있지 않다. 그리고 그 사랑과 욕망은 자기이익의 요소와 혼합되어 있다. 어떤 한 분야의 연구 진행은 돈과 명성, 권력과 같은 외적 동기가 과학에 대한 사랑과 같은 내적인 동기를 지지하거나 거부하는 경향을 갖는다는 것을 보여준다. 다시 상식에 따라 말하면, 심리학자들은 외적인 동기가 지나쳐서 내적 동기를 약화시킬 수 있을지라도, 보통 외적 동기가 내적 동기를 강화시킨

ity," in *Handbook of Creativity*, ed. Robert J. Sternberg, 280.

22 Robert J. Sternberg, *Wisdom, Intelligence, and Creativity Synthesized*, 106.

23 Gregory. J. Feist, "The Influence of Personality on Artistic Creativity," 280.

24 Robert J. Sternberg, *Wisdom, Intelligence, and Creativity Synthesized*, 108.

다는 것을 발견했다. 경쟁이 하나의 좋은 예이다. 그것은 동기가 일 그 자체를 즐기는 것보다 동료들보다 뛰어나기를 바란다는 점에서 외적 동기이다. 특히 동시대의 세계에서 가장 거대한 규모의 과학 프로젝트에서, 경쟁은 가장 창의적인 과학자들의 동기를 유발시킨다. 또 다른 외적 동기, 인정을 받고자 하는 열망은 과학적인 창의성을 유발하는 데 가장 큰 역할을 한다.[25]

실제의 동기로부터 이상으로 전환하는 것, 과학자들이 진리를 추구할 때 혼합된 동기들(외적인 동기와 내적인 동기)을 피해야 한다는 이상을 옹호하는 것은 도덕주의적인 일에 불과하다. 사실, 자기이익과 과학 또는 예술에 대한 관심을 모두 포함한 도덕과 관련이 없는 동기들은 도덕적인 헌신을 강화시킬 수 있고, 적어도 도덕적인 선의 생산을 강화할 수 있다. 확신컨대, 몇몇 덕과 관련된 동기들에 정도의 차이는 있지만 그것이 너무 쉽게 과장되기도 한다. 지적 겸손에 대해 생각해보라. 지적 겸손은 다른 사람들이 우리에 대해 어떻게 생각하느냐에 대해 과도하게 집착하는 악덕인 허영심과 반대되는 덕이다. 그리고 지적 겸손은 오만에 반대되는 덕이다. 오만은 우리가 불공평한 이익을 취할 권리를 가지고 있다고 믿는 정의롭지 못한 악덕이다. 일반적으로 지적 겸손은 인정에 대한 관심을 억제하고 진리에 대한 사랑을 왜곡하도록 방치하지 않는다는 것을 함축한다. 그러나 다른 사람들로부터의 인정과 명예에 대한 무관심을 지적 겸손과 관련시키는 것은 그릇된 것이며 자기 파괴적인 것이다.

심지어 로버츠(R. C. Roberts)와 우드(W. J. Wood)는 지적 겸손이 나타나는 "매우 낮은 성향의 관심 상태는 지적 공동체에서 지적으로 재

25 Collins and Amabile, "Motivation and Creativity," 305.

능 있고 성취적이며 기술이 뛰어난 사람들에게서 나타난다. 특히 그런 관심은 본래적인 인지적 관심, 특히 진리, 정당화, 근거, 정합성, 정밀성, 그리고 중요성이라는 다양한 귀인에 대한 관심에 의해 약해지거나 사라진다"[26]고 주장한다. 이러한 그들의 주장은 그 중요성을 과대평가한 것이다. 이 주장은 지적으로 겸손한 소수의 사람들에게는 해당되지 않는다. 아마 대다수에게는 적용되지 않으며 최소한 모든 측면에서는 맞지 않는다. 다윈은 지적 겸손의 모델이다. 그는 많은 사람들이 그를 어떻게 보는가에 대해서는 상대적으로 관심이 적었다. 그러나 주도적 위치에 있는 다른 과학자들이 자신을 어떻게 보느냐에 대해서는 관심이 컸다. 게다가 그는 과학적인 인정에 대한 그의 열망이 과학에 기여하고자 하는 그의 의지와 밀접하게 연관되어 있었고, 그의 과학에 대한 사랑은 "동료 자연주의자들이 존중하는 자신의 열망에 의해 크게 고무되었다"[27]고 강조한다. 로버츠와 우드는 지적 겸손이 지적 모험심, 자기확신과 양립할 수 있다는 말에 동의한다. 그러나 그들은 창의성에 있어서 본질적인 열망이 얼마나 강하게 인정에 대한 욕구를 수반하는지를 분별하지 못한다. 실제로 창의성은 대부분 상당한 업적을 달성한, 같은 분야의 구성원들을 납득시키는 노력과 관련이 된다.[28]

이제 용기와 인내에 대해 살펴보자. 이러한 덕과 이상은 현대 과학에서 매우 중요하다. 창의적인 일은 도전적이고 어려운 경향이 있다. 과학에서의 어려움은 실패 위험과 다년간의 힘든 연구, 자기의심, 지적인 복

---

26 Robert C. Roberts and W. Jay Wood, "Humility and Epistemic Goods," in *Intellectual Virtue*, ed. Michael DePaul and Linda Zagzebski, (Oxford: Clarendon Press, 2003), 271.

27 Darwin, *Autobiography*, 141; 81-82 참조.

28 Mihaly Csikszentmihalyi, *Creativity* (New York: Harper Collins, 1996), 42.

잡성, 의심과 불확실성에 대한 참을성을 포함한다. 따라서 위험과 고난에 직면할 때 용기와 인내가 필요하다. 지적 용기에 대한 관념은 대다수 창의적인 과학자들에게 적용되기는 조금 과장된 것처럼 들릴지도 모른다. 하지만 그렇지 않다. 진정한 위험은 과학에서 창의성을 발휘하는 순간에 있다. 특히 오류의 위험이 존재한다. 거대한 연구 프로젝트는 종종 중요한 결과를 얻지 못하는 도박과 같다. 노벨 수상자 비숍(J. M. Bishop)은 과학에서 "오류를 범하는 것보다 더 큰 공포는 없다"고 말한다. 그리고 그는 이러한 위험에 대면하는 용기가 필요하다고 주장한다.[29] 또한 그는 지적 모험과 대담한 상상력의 중요성을 강조하고 이를 위해서는 용기가 요구된다고 말한다. 게다가 몇몇 창의적인 연구는 그것이 기업, 정부 또는 다른 사회적 관행을 구체화하는 신념을 파괴하거나 재정립한다는 점에서 파괴적이라 할 수 있다.

마지막으로 전통적 도덕주의는 덕이 전부 아니면 전무라는 극단적인 사고를 하고 있다. 가령, 하나의 주요한 덕을 갖는 것이 다른 덕들을 갖게 만든다는 관념을 낳았다. 이와 관련된 관념은 아리스토텔레스의 덕의 통합 독트린의 기초가 된다. 이 독트린은 덕을 일관된 습관, 또는 행위나 태도, 감정의 성향으로 이해하는 아리스토텔레스의 주장과 연결된다. 이와 대조적으로, 듀이는 "모든 인격은 다양한 특성을 가지고 있다(all character is speckled.)"[30]고 말한다. 동기화에 대한 경험적 연구에 따르면, 덕이 다양한 영역에서 또는 우리의 삶의 특정 영역에서조차 일관된 방식으로 나타나지 않는다는 것을 반복적으로 보여준다. 이러한 분별은 성격 특성이 특정 맥락과 상황에 얼마나 강하게 결합되는지

29 J. Michael Bishop, *How to Win the Nobel Prize* (Cambridge, MA: Harvard University Press, 2003), 62.

30 John Dewey, *Human Nature and Conduct* (New York: Modern Library, 1957), 47.

탐색하는 심리적 연구에 의해 강화된다.[31] 그래서 과학의 윤리는 창의적 활동에서 나타나는 덕이 다른 삶의 영역으로 전이되지 않는다는 것을 강조해야 한다. 그들의 활동 내에서조차 과학자들은 여러 상황에서 전형적으로 도덕적 탁월성을 보여주지만 모든 상황에서 보여주지는 못한다.

다윈의 인격은 가장 일관성이 있다고 보기는 어렵지만 다른 사람보다는 일관성이 있다고 말할 수 있다. 또한 그는 개인 생활이나 전문직 생활에서 보여준 빼어난 친절, 관대함, 그리고 공평함으로 유명하다. 이와 반대의 사례로, 노벨 물리학상 수상자인 슈리퍼(J. Schrieffer)의 경우를 살펴보자. 그의 친구들은 그를 '진실하고 신중한 사람'이라고 말한다. 하지만 그들은 그가 면허 정지된 상태에서 시속 100마일의 속도로 운전해 사람을 죽이고 심각한 부상을 입혔다는 사실에 충격을 받았다. 또한 친구들은 그가 무모한 운전을 일삼았으며 10년 동안 9번의 속도위반을 했다는 소리를 듣고 충격을 받았다.[32] 그리고 그가 사고 당시 면허 정지된 상태였다는 소식을 듣고 더욱 충격을 받았다. 게다가 과학적 정직성은 그의 운전에는 영향을 미치지 않았다. 그는 경찰관에게 그가 친 트럭에 대해 거짓말까지 했다. 용기, 정직 그리고 진리에 대한 사랑은 그의 인생에 진실한 덕이었지만 그가 운전할 때는 그렇지 않았다. 반대로 과학자들은 사적으로 매우 훌륭할 수 있지만 전문 부분에서는 히틀러 시대의 과학자들처럼 위험할 수도 있다.

---

31 John M. Doris, *Lack of Character: Personality and Moral Behavior* (New York: Cambridge University Press, 2002).

32 그 "사건"은 2004년 9월 발생했다. 그리고 2005년 8월 그는 과실 치사죄를 인정했다. Steve Chawkins, "The Baffling Descent of a Nobel Prize Winner, *Los Angeles Times* (August 13, 2005), B1, B7.

심지어 전문활동의 맥락에서 하나의 덕과 관련해서 현저한 불일치와 복잡성이 존재할 수도 있다. 자기존중(self-respect)에 대해 생각해보자. 이는 많은 심리학자들이 연구한 특성인 자존감(self-esteem)과 밀접한 관련이 있다. 건강한 자존감은 자신에 대해 단순히 느끼는 선이 아니다. 정신 건강을 다룬 문학작품에서 자존감은 건전하고 합당한 자기확신, 다시 말하면 나르시시즘과 자기부정의 양극단에서 존재하는 자기확신을 제안하는 규범적 개념으로 기능한다. 이러한 관점에서 자존감은 자기존중이라는 도덕적 덕과 중첩된다. 자기확신은 창의적인 문학작품에서 창의적 노력을 고양시키는 핵심적인 인성(personality) 특성으로 나타난다.[33] 좀 더 신중히, 칙센트미하이는 가장 창의적인 개인이란 자신감과 자기의심의 혼합체라는 것을 보여주고 있음을 발견한다. 실제로 복잡한 특성은 서로 긴장관계 속에서 존재한다.[34] 창의적인 사람들의 자기확신은 자기의심과 중첩되며 때때로 그들의 창의적 능력에 대해 의심을 품게 된다.

지적 덕은 도덕적 덕

나는 지적 덕이 도덕적 덕일 수 없다는 주장에 반대한다. 나는 지적 덕이 과학 윤리의 한 분야로 자리 잡아야 한다고 생각한다. 탁월성이란 넓은 의미에서만 덕이고 도덕적 탁월성 그 자체는 아니다. 이러한 관점은 지적 덕과 도덕적 덕을 대비시킨 아리스토텔레스의 입장에서 기인한다. 아리스토텔레스에 의하면, 진리에 대한 사랑, 지적 정직성, 지적 겸

33 Feist, "The Influence of Personality on Artistic Creativity," 280.

34 Csikszentmihalyi, *Creativity*, 69.

손, 지적 용기, 그리고 진리 추구의 확신은 인격의 탁월성이 아니라 영혼의 탁월성이다.

이에 대한 응답에서, 아리스토텔레스의 구별은 명료한 것도 강압적인 것도 아니다. 그리고 우리는 이것을 수용하지 않을 수도 있다. 아리스토텔레스는 도덕적 덕과 지적 덕을 그 기능과 기원의 관점에서 구별한다. 이러한 구분은 영혼을 이성적 부분과 비이성적 부분으로 나누는 낡은 방식에 근거를 두고 있다.[35] 이성적인 부분은 교육에 의해 형성된 지적 덕에 의해 지배된다. 이성적 부분은 감정과 육체적 욕구를 포함하며 인생 초기의 발달 단계에서 습관적으로 형성된 도덕적 덕에 의해 지배된다. 그러나 이러한 이분법은 우리를 매우 혼란스럽게 만든다. 첫 번째 이유는 지적 능력의 탁월성은 진리 탐구의 기쁨, 조잡한 사고에 대한 경멸, 새로운 발견에 대한 희망과 같은 정서를 포함한다. 더구나 탁월성은 습관의 형성과 어린 시절부터 성인에 이르기까지 지속적인 가르침이 필요하다. 또 다른 이유는 아리스토텔레스가 강조하였듯이, 지적 덕은 행위 지침을 제공할 때뿐만 아니라 부분적으로 지적 덕을 정의할 때 다른 도덕적 덕들과 철저히 융합된다. 예를 들면, 우리는 실천적 지혜(*pronesis*; 도덕적으로 올바른 것에 대한 지식, 아리스토텔레스가 일차적으로 지적 덕으로 본 것)를 행사하지 않고서는 절제하고 용기 있고 공정할 수 없다. 어떤 경우에 지적 정직성과 지적 겸손과 같은 덕은 현대적 의미의 '도덕' 관념에서 볼 때 도덕적 덕이다. 그 덕은 우리 자신과 다른 사람들의 선에 이바지하는 경향이 있는 바람직한 인격 특성이다.

이와 같은 맥락에서 작제프스키(L. Zagzebski)는 "지적 덕은 도덕적

---

35 Aristotle, *Nicomachean Ethics*, trans. W. D. Ross, in *Basic Works of Aristotle* ed. Richard McKeon (New York: Random House, 1941), 1103a3–7 and 1139a.

덕의 부분집합으로 간주되어야 한다"[36]고 주장한다. 도덕성은 오로지 다른 이들의 권리를 존중하거나 그들의 선을 증진하는 의미로만 쓰이지 않는다. 그것은 또 진리에 대한 우리들의 태도와 관련이 있으며, "인지활동의 규범적 측면"[37]과 관련이 있다. 확실히 우리는 지적 덕이 진리, 믿음, 지식과 직접적으로 연관된 도덕적 덕이란 것을 이해한다면, 지적 덕에 대해 계속 이야기할 수 있다. 예를 들면, 정직성은 모든 삶에서 참된 것과 관련된 도덕적 덕이다. 하지만 우리는 확실한 진리를 찾고자 하는 연구의 정직성(지적 정직성), 결혼의 정직성(결혼생활의 정직성), 누군가의 치료사로서의 정직성(치료적 정직성)을 구별할 수 있다. 용기 역시 모든 삶에서 존중할만하고 위험이 뒤따르는 도덕적 덕이다. 하지만 우리는 진리를 추구하는 용기(지적 용기), 사지(신체)가 처하게 될 위험과 삶의 위험에 맞설 수 있는 용기(신체적 용기), 사회적 비판에 맞설 수 있는 용기(사회적 용기), 투자 위험을 무릅쓰는 용기(금융 용기)를 구별할 수 있다. 적절한 대조는 지적 덕과 도덕적 덕의 차이 속에서 존재하는 것이 아니라 도덕적인 역할을 발휘하는 다양한 삶의 관점 사이에 존재하는 것이다.

과학적 창의성이란 무엇일까? 이것 역시 도덕적 덕으로 볼 수 있을까? 작제프스키는 그렇다고 믿는다. 그녀는 과학과 여타 분야의 창의성이란 대다수 사람들의 기대 수준을 넘어선다는 의미에서 초과의무

36 Linda Trinkaus Zagzebski, *Virtues of the Mind* (New York: Cambridge University Press, 1996), 139.

37 Zagzebski, *Virtues of the Mind*, 255. 작제프스키는 지적 덕이란 '자기-관련 덕(self-regarding virtues)' 이라고 말한다(255-66). 그러나 우리는 지적 덕을 자신과 타인 모두의 복지에 공헌하는 '진리-관련 덕(truth-regarding virtues)' 이라고 부르는 것이 더 좋을 것 같다.

(supererogatory)로서의 도덕적 덕이라고 주장한다.[38] 여기서 우리는 주의를 기울일 필요가 있다. 내가 정의한 바와 같이, 창의성은 덕보다는 성취에 가깝다. 새로운 것을 만들고 가치 있는 것을 발견하거나 발명하는 성취 말이다. 일반적으로 우리는 두 종류의 탁월성, 즉 성취와 덕을 구분할 수 있다. 유비추론을 통해 두 종류 운동의 탁월성, 즉 운동의 성취와 운동의 기량을 생각해보자. 윔블던 대회에서 우승을 차지하는 것은 테니스에서의 뛰어난 성취를 의미하는 것이며, 그 성취란 재능과 약간의 행운 그리고 자기통제와 각고의 노력과 같은 덕을 드러내는 것이다. 이와 같이, 창의적인 과학적 발견의 탁월성(성취)은 과학자들이 그러한 발견을 할 수 있도록 도와주는 탁월한 특성(trait)과는 구분된다. 성취로서의 탁월성과 특성으로서의 탁월성은 밀접한 관련이 있지만 구분되는 것이기도 하다.

아마 작제프스키는 창의성을 발휘하기 위한 훈련과 함께 창의적인 성취를 이루고자 하는 경향성과 같은 성격 요소를 염두에 두고 있었다. 이와 같은 경향성은 고립된 성취라기보다는 특성이다. 따라서 다윈이나 엘리언과 같은 개인들이 창의성을 개인적 이상으로서 수용하고 그것을 습관화하고 심사숙고하여 추구한 결과로 중요한 것을 발견할 때 그들은 지적 덕을 발휘했다고 할 수 있다. 결국 그런 지적 덕은 도덕적 선과 관련될 때 도덕적 덕이 된다. 그것이 생명을 구한 엘리언과 우주에서 차지하는 인간 지위를 이해한 다윈과 관련될 때도 마찬가지다.

대안적 관점은 과학적 창의성과 어떤 다른 지적 탁월성을 '의존적인(dependent)' 도덕적 덕으로 간주하는 것이다. 이는 지적 탁월성이 도덕적 기여를 하거나 도덕적 기여를 하는 경향성이 있을 때 도덕으로 간

38 Zagzebski, *Virtues of the Mind*, 125, 155.

주된다는 것을 의미한다.[39] 여기서 두 가지 관점이 중요하다. 첫째, 과학적 창의성과 어떤 지적 덕은 직접적, 혹은 간접적으로 도덕적 기여를 하는 경향이 있다. 이는 이 책에서 밝히는 중심 주제다. 둘째, 지적 덕을 도덕적 덕으로 간주할 때 망설이는 것처럼 여타의 도덕적 덕을 지적 덕으로 간주할 때도 망설이게 된다. 과연 자신의 명분을 지키기 위해 기꺼이 목숨을 바치는 자살 폭파범은 용기 있는 사람이고, 자신의 임무를 충실히 수행한 나치의 보안원은 성실한 사람일까? 아니면, 용기와 성실에 대한 관념은 어떤 목적이 도덕적으로 바람직할 때만 적용될 수 있고, 도덕적으로 바람직한 목적이 용기와 성실을 의존적인 덕으로 만드는 경우에만 적용될 수 있을까? 만약 우리가 후자를 택한다면 사실상 모든 도덕적 덕은 의존적 덕으로 여겨질 것이다. 이러한 설명 방식은 수용하기 어려운 것은 아니다. 하지만 나는 지적 덕을 (다른 모든 도덕적 덕처럼 서로 영향을 끼치는 다른 덕들과 함께 융합되어 있는) 도덕적 덕으로 수용하는 것이 보다 이치에 맞고 옳다고 생각한다.

매킨타이어의 이론 체계

우리는 이제 보다 넓은 관점에서 지적 덕을 설명할 수 있다. 이는 매킨타이어의 『덕의 상실』(*After Virtue*)에 나오는 덕 윤리(virtue ethics)의 관점에서 접근하는 방식이다. 매킨타이어는 과학의 특징을 다른 분야처럼 사회적 실천(실천을 정의하는 독특한 내적 선에 중심을 둔 협력적 인간활동)으로 규정한다. 예를 들면, 건강은 의학 분야의 내적 선이고,

39 솔트(Michael Slote)는 *Goods and Virtues* (Oxford : Clarendon Press, 1983), 62에서 의존적 덕에 대해 토의한다.

정의는 법학 분야의 내적 선이다. 경험적 이해는 이론과학에서의 내적 선이고, 안전하고 유용한 산출은 공학 분야의 내적 선이다. 또한 내적 선에는 사회적 실천의 참여자들에게 제공하는 즐거움과 더불어 가치 있는 삶의 방식이 포함된다. 과학의 내적 선에는 간접적으로 과학에 참여하는 일반 대중의 의미 있는 삶을 위한 기여가 포함될 뿐만 아니라 과학에 대한 이해를 증진하고 널리 알리며 또한 적용하는 과학자들의 의미 있는 삶의 방식이 포함된다. 이 두 종류의 내적 선은 그것이 공동체의 선에 기여한다는 점에서 공적 선이라고 할 수 있다.

덕은 인격의 탁월성이며, 덕 있는 참여자들은 사회적 실천의 내적 선을 탁월하게 추구할 수 있다. 예를 들면 정직, 용기, 자기규율, 통합성, 공정성 그리고 팀플레이는 모든 실천에서 탁월성의 표준을 충족시키는 데 기여한다. 그리고 그렇게 함으로써 그 실천의 내적 선을 증진시킨다. 덕은 또한 우리가 도덕적으로 바람직하고 개인적으로 만족할만한 좋은 삶을 개인들이 영위하도록 해준다.[40] 매킨타이어는 도덕적 덕과 지적 덕을 이분법적으로 구분하지 않는다. 예를 들면, 그는 정직이 신뢰뿐만 아니라 또한 '사실에 대한 주의'를 내포하는 도덕적 덕이라고 보았다. 또한 그는 용기란 실천의 내적 선을 추구할 때 '스스로를 위험에 노출시키는 결과를 낳더라도 무엇이든' 기꺼이 수용하는 마음을 내포한다고 명시했다.[41] 다윈의 정직과 용기는 그가 진리를 추구하는 과정에서 중요한 진리를 발견하는 데 도움을 주며, 의미 있는 삶을 살아가는 데 도움을 준다.

과학이나 예술에서 창의성은 탁월성의 최고 형식이다. 과학은 "문제

40 John Kekes, *The Art of Life* (Ithaca: Cornell University Press, 2002) 참조.

41 Alasdair MacIntyre, *After Virtue*, 2nd ed. (Notre Dame, IN: University of Notre Dame Press, 1984), 191.

에 창의적으로 반응하고 진보를 유지시키는 노력"[42]을 창의적으로 전개함으로써 새롭고 가치 있는 이해를 발견할 때 발전한다. 창의성의 수준은 다양하지만, 비범한 창의성은 다윈이 생물학이나 이와 관련된 영역을 혁명적으로 변화시켰던 것과 같이 사회적 실천을 전면적으로 변화시켰다. 덧붙여 말하면, 탁월성의 표준이 실천의 내적 선을 발전시킬 만큼 충족될 때 "탁월성을 성취하기 위한 인간의 역량이나, 탁월성과 관련된 목적과 선에 대한 인간의 이해는 체계적으로 확장된다."[43]

매킨타이어는 모든 사회적 실천의 탁월성을 증진하는 지혜나 절제, 용기, 정직, 그리고 정의와 같은 주요한 덕에 초점을 맞춘다. 더욱 각각의 사회적 실천은 어떤 덕에 우선성을 부여하는 독특한 요구를 한다. 브로노스키가 강조한 바와 같이, 과학의 가치는 단순한 보편적 행위양식이 아니라 "과학의 실천에서 생기는 것이다. 왜냐하면 과학의 가치는 그 실천을 위한 불가피한 조건이기 때문이다."[44] 그는 '진리의 습관'을 과학의 최고 가치로 간주한다. 여기서 말하는 진리의 습관이란 진리 탐구의 과정을 유지시키는 독립적이고 독창적인 사고와 같은 가치를 추구하는 것을 의미하며 그 가치를 추구하는 과정에 헌신하는 것을 의미한다.

마지막으로 매킨타이어가 내적 선과 외적 선을 구별할 때 두 개의 상이한 준거를 혼용한다는 것을 지적하고 싶다.[45] 첫째 준거에 따르면, 내적 선은 공적(공동체) 선이고 외적 선은 사적으로 소유된(개인 또는 기

---

42 MacIntyre, *After Virtue*, 190.

43 MacIntyre, *After Virtue*, 187.

44 Jacob Bronowski, *Science and Human Values* (New York: Harper and Row, 1965), 60.

45 Mike W. Martin, *Meaningful Work: Rethinking Professional Ethics* (New York: Oxford University Press, 2000), 125–27, 184–86 참조.

관) 선이다. 따라서 과학적 이해는 공적 선인 반면, 과학자들의 봉급은 외적 선이다. 둘째, 준거에 따르면, 내적 선은 특정 실천에 의해 규정된 선이고, 외적 선은 어떤 실천에 의해서나 획득될 수 있는 선이다. 그래서 과학적 이해에서의 내적 선은 과학적 개념을 사용해서 정의되지만, 권력이나 명성과 같은 외적 선은 과학이나 그에 대한 여타의 구체적인 실천과 관련 없이 정의된다. 매킨타이어는 위의 둘째 준거를 적용하는 것이 특정 선의 추상화 수준에 전적으로 의존하고 있다는 것을 인식하지 못했다. '창의적인 과학자로서의 인정'과 '과학자로서의 명성'은 특정 실천의 관점에서 정의된다는 점에서 내적 선에 해당된다. 그러나 내적 선은 또한 모든 실천에서 발견될 수 있는 인정과 명성의 예다. 그래서 그것들은 일반적 관점에서 묘사될 때 외적 선이다. 즉, 그것들은 얼마나 추상적으로 또는 구체적으로 명시되느냐에 따라 내적 선일 수도 있고 외적 선일 수도 있다. 과학을 규정하는 선과 과학자들의 동기에 대해 생각할 때 이러한 점을 기억하는 것은 매우 중요하다.

결론적으로, 과학의 전문직 윤리는 과학자를 위한 다양한 윤리 양식에 명시된 책임에 더하여 훌륭한 인격과 창의성의 이상을 포함한다. 동시에 인격과 창의성의 관계는 복잡하다. 훌륭한 인격은 과학에 크게 기여할 수 있지만, 분명 창의성을 위해 충분치는 않다. 재능과 행운은 훌륭한 인격보다 더욱 특별한 역할을 수행한다. 중요한 것은 도덕과 무관한 동기가 창의성, 더 나아가 도덕성에 기여한다. 이에 대해서는 다음 장에서 검토하기로 한다.

4

동기화의 역설

소로(Thoreau)가 "자선활동은 인간이 그 진가를 충분히 인정한 거의 유일한 덕"이라고 말하는 점에서 볼 때, 그는 자선을 폄하하려 했던 것은 아니다. 단지 그는 2류의 기독교 지도자들을 뉴턴(Newton)이나 셰익스피어(Shakespeare)와 같은 창의적 천재들보다도 높이 평가하려는 것에 반대했을 뿐이다. "그들의 일생과 업적은 인류에게 큰 축복을 안겨주었다."[1] 창의적인 천재들은 과학적 진실, 심미적 감상, 창의적 성취처럼 도덕과 무관한 선을 좋아하며, 이것에 의해 우선적으로 동기화되었을 것이다. 하지만 역설적이게도 그들은 인류에게 직접적으로 도덕적, 자선적 봉사를 하는 것보다 훨씬 많은 혜택을 제공한다. 이러한 창의성의 역설은 자기이익의 역설과 이타의 역설보다 관심을 적게 받았다. 그러나 창의성의 역설은 도덕적 동기화와 관련하여 중요한 통찰을 내포하고 있다. 또한 창의성의 역설은 우리에게 도덕적 선과 도덕과 무관한 선을 명확히 구별하도록 요구한다. 이에 우리는 도덕성이 무엇인지 그 개념을 명확히 할 필요가 있다.

---

1 Henry David Thoreau, *Walden and Civil Disobedience* (New York: Penguin, 1983), 120.

우선의 역설들

겉으로 보기에 역설은 중요한 진실을 전하는 아이러니다. 도덕적 동기화의 역설은 논리적인 난제가 아니라 도덕적 동기화를 둘러싼 경험적으로 복잡한 문제다. 전형적으로 도덕적 동기화의 역설은 권고적 성격을 띠지만 도덕 심리학과 윤리이론을 함축하고 있다.

대부분의 도덕적 동기화의 역설은 이기주의와 이타주의의 상호작용에 달려 있다.[2] 따라서 자기우선의 역설은 이기심이 어떻게 타인의 복지에 공헌하는지를 보여준다. 예를 들면, 우리는 타인들을 사랑하기 위해서 자신부터 사랑하는 것을 배워야 하며, 타인들을 행복하게 만들기 위해서 자신부터 행복해지는 것이 좋다. 이렇게 해야만 우리는 타인에게 무엇인가를 제공할 수 있는 적절한 재능을 가질 수 있다. 가장 유명한 자기우선의 역설은 스미스(Adam Smith)의 '보이지 않는 손(an invisible hand)'의 비유와 관련이 있다. 여기서 보면, 시장에서의 이기심이 직접적이고 체계적인 이타주의보다 타인에게 더 많은 이익을 제공한다. 특히, 기업가들은 자신들의 이기적인 동기(돈, 영향력, 사회적 인정)에 따라 노동자들에게 일자리를, 소비자에게 양질의 생산품을, 투자자에게 이익을, 자선 사업가들에게 부를 안겨준다.[3] 시장에서의 체계적인 이타주의는 경쟁이 심한 자본주의 사회에서 이러한 이익을 창출하는 데 효과가 적다. 그 이유는 두 가지다. 첫째는 이기주의가 이타주의보다 더 강력한 동기이고, 둘째는 우리가 자신의 이익을 타인의 이익보

2 Mike W. Martin, *Virtuous Giving* (Bloomington: Indiana University Press, 1994), 151.

3 Adam Smith, *An Inquiry into the Nature and Causes of the Wealth of Nations* (New York: Oxford University Press, 1976), 456.

다 더 좋다고 보기 때문이다.

다음으로, 타인우선의 역설은 타인의 이익에 도움을 주는 것이 때때로 이기심을 증진시키는 데 최선의 방법이 될 수 있다는 것을 보여준다. 예를 들면, 자기희생은 자기발달을 촉진한다. 우리는 타인을 위해 스스로 봉사하고 있는 자신을 발견하곤 한다. 가장 친숙한 타인우선의 역설은 행복의 역설이다. 우리는 행복을 얻고자 하면 행복 그 자체를 잊고, 대신에 타인들의 행복을 위해 노력해야 한다. 또 다른 예는 자유의 역설이다. 복종은 우리를 자유롭게 한다. 자유는 가치 있는 대의에 복종할 때 획득된다. 이러한 관념은 배우자, 공동체, 신에 대한 복종이 타인에 대한 호의를 포함하여 성장을 위한 새로운 원천으로 작용할 수 있다는 것을 보여준다. 이러한 관념 또한 12단계의 회복 프로그램에 잘 나타나 있다. "우리는 알콜 중독에서 벗어날 수 없다는 것을 받아들였다. 그래서 우리는 힘겨운 삶을 살게 되었다." 그래서 우리는 "우리 자신보다 더 큰 힘에 의지할 때 제정신을 회복할 수 있다고 믿게 되었다."[4]

이와 반대로, 도덕과 무관한 가치우선의 역설은 이기주의와 이타주의의 상호작용보다는 도덕적인 선과 도덕과 무관한 선의 상호작용에 달려 있다. 이 역설에서 우리는 도덕과 무관한 선을 추구하는 것이 타인과 자신을 위한 도덕적 선에 공헌하는 방식을 보여준다. 우리는 그 하나의 예로 밀(J. S. Mill)이 확장시킨 다음과 같은 행복의 역설을 제시할 수 있다. "이런 사람들만이 행복하다. …… 그들은 자신의 행복 이외의 어떤 대상, 예를 들면 수단이 아닌 이상적인 목적 그 자체로 추구되는 타인의 행복, 인류의 진보, 심지어 예술이나 목표 등에 관심을 가진다."[5] 과학,

---

4 *Alcoholics Anonymous*, 3rd edition (New York: Alcoholics Anonymous World Services, 1976), 59.

예술, 운동경기, 작업, 또는 도덕과 무관한 선(도덕적인 선에 덧붙여)이 포함된 여러 노력들은 그러한 목적을 추구한다. 이러한 선은 우리의 행복 증진에 기여하는 심오하고 지속적인 기쁨을 제공하기 때문에 선 그 자체를 '이상적인 목적'으로 고려하는 것이 중요하다.

시지윅(Henry Sidgwick)은 행복의 역설을 뒤엎는 보다 강력한 주장을 펼친다. 그는 "개개인이 최선의 행복한 삶을 영위하기 위해서는 다른 의식을 가진 존재들의 행복 이외에 이익관심(interest)을 가진 다른 외적 대상들을 고려해야 한다"고 말하며, "덕, 진리, 자유, 아름다움 등 그 자체를 사욕 없이 추구해야 한다"[6]고 주장한다. 전체 행복의 극대화라는 도덕적 목표는 우리가 도덕과 무관한 선을 도덕적 목적에 대한 단순한 수단으로 간주하기보다는 오히려 그 자체 바람직한 것으로 추구하게 만든다. 우리는 자유의 역설을 '우리가 진리, 아름다움, 그리고 창의적인 활동처럼 도덕과 무관한 선에 대해 복종할 때 도덕으로부터 해방된다'라고 재구성할 수 있다. 그리고 우리는 스미스의 보이지 않는 손의 역설 또한 '기업가들이 상품과 서비스의 도덕과 무관한 탁월성의 가치를 평가할 때 자신들과 타인의 도덕적 복지에 기여한다'라고 재구성할 수 있을 것이다.

따라서 도덕과 무관한 가치우선의 역설은 자기우선의 역설 및 타인우선의 역설과 중첩된다. 특히 행복의 역설은 우리가 타인 배려처럼 도덕적 선을 고려하든 도덕과 무관한 선을 고려하든 외부에 초점을 맞추면서 지나친 자기몰입으로부터 벗어나야 한다는 것을 시사하고 있다.[7]

---

5 John Stuart Mill, *Autobiography* (New York: Penguin Books, 1989), 117.

6 Henry Sidgwick, *The Methods of Ethics*, 7th edition (Chicago: University of Chicago Press, 1962), 405-406. 또한 Robert Adams, "Motive Utilitarianism," *Journal of Philosophy* 73 (1976): 467-81을 보라.

역설의 중첩은 우리의 선, 타인의 선, 그리고 도덕적 선 및 도덕과 무관한 선의 융합으로 인해 발생할 뿐만 아니라 그러한 선을 목표로 하는 동기의 전형적인 융합으로 인해 발생한다. 따라서 우리는 역설을 이러한 선의 범주를 양극화하여 구성해서는 안 된다. 그 대신에, 역설은 어떤 선의 범주를 추구하는 것이 그 자체로 또 다른 선의 범주에 초점을 맞추게 되는 아이러니를 보여준다.

창의성의 역설

창의성의 역설은 가장 극적인 도덕과 무관한 가치우선의 역설이다. 이 역설에 따르면, 도덕과 무관한 선을 추구할 때 창의적인 노력은 타인들에게 도덕적으로 혜택을 제공하고, 그러한 노력은 또한 창의적인 개인들이 삶의 의미와 행복을 발견하는 데 공헌한다. 이 관념은 웰즈(H. G. Wells)가 보여준 인격의 한 표현이다. "암을 정복할 수 있는 동기는 동정이나 공포가 아니다. 그것은 방법과 이유를 알고자 하는 호기심이다. …… 봉사의 욕구는 절대 발견할 수 없다."[8] 일반적으로 동정과 이타주의가 과학의 정당화에 기여할지라도 대다수 과학자들의 일차적 동기는 아니다. 따라서 창의성 역설은 이렇게 정리될 수 있다. 창의적인 개인은 가끔 이타적인 동기보다 도덕과 무관한 동기를 통해 더 큰 도덕적인 기여를 하게 된다.

---

7 Bertrand Russell, *The Conquest of Happiness* (New York: Liveright, 1930), 188 참조.

8 H. G. Wells, *Meanwhile* (London: Ernest Benn Limited, 1927), 37. 그리고 G. H. Hardy, "A Mathematician's Apology," in *Genius and Eminence*, 2nd ed., ed. Robert S. Albert (New York: Pergamon Press, 1992), 394를 보라.

암 연구로 노벨상을 수상한 비숍(J. M. Bishop)은 웰즈의 인격에 대한 기록을 인용하면서 동정적인 반응을 보였다. 비숍은 과학의 반도덕적 관점을 결코 지지하지 않고 정직, 용기, 공정성, 협력, 동료 학생간의 멘토링의 중요성을 강조한다. 이 모든 것은 과학적 탐구를 발전시키는 데 기여한다.[9] 그러나 그는 탐구의 일차적인 동기에 관심을 기울이지 않았다. 그는 도덕적 가치가 탐구 수행의 방법을 제약하는 요소라고 지적한다. 그 일차적인 동기는 호기심, 진리 탐구, 창의적인 사람이 되고자 하는 노력, 자연의 아름다움에 대한 식별이라는 도덕과 무관한 욕구에서 도출된다.

일반적으로 도덕 그 자체는 아닐지라도 이런 동기와 그에 수반하는 이상 그리고 인격 특성은 과학자와 비전문가들로부터 높이 평가받는다. 그래서 우리는 퀴리 부인이 방사능에 대해 연구하고 폴로늄과 라듐을 발견할 때 보여준 영웅적 희생을 읽을 때 감동을 받는다. 그녀는 남성 중심의 과학계에서 여자로서 특별한 장애에 직면했을 때나 건강이 나빠졌을 때 그 위험을 무릅쓰고 과학 봉사를 하고 금욕생활을 했다. 확신컨대, 그녀는 또한 제1차 세계대전 중 군인들을 치료하기 위한 20개의 이동식 X-ray 장치와 200개 이상의 고정식 작동 장치를 디자인하고 검사함으로써 직접적으로 인도주의적인 공헌을 했다. 그럼에도 불구하고, 그녀가 발견에 대해 가지는 호기심과 기쁨은 과학적 연구를 수행하는 데 일차적 동기가 되었다.[10] 그녀와 그녀의 남편 피에르(Pierre)는 동

9 J. Michael Bishop, *How to Win the Nobel Prize* (Cambridge, MA: Harvard University Press, 2003), 60-61를 보라.

10 Eve Curie, *Madame Curie*, trans. Vincent Sheean (New York: Doubleday, Doran & Company, 1938), 그리고 Susan Quinn, *Marie Curie: A Life* (Reading, MA: Perseus, 1995)를 보라.

료들이 그녀의 과학적 공헌에 대해 인정해주기를 원했지만, 소위 명성에 대해서는 관심이 거의 없었다. 그들은 거대한 재산에도 관심이 없었으며, 자신들이 개발한 산업 공정 특허도 얻지 않았다.

퀴리 부인은 사욕 없이(편견을 갖지 않고 객관적인 입장에서) 열정적으로 진리를 추구했다. 수학과 과학에 대한 그녀의 열정은 자아 정체성에서 나왔다. 그녀는 단순히 발견하는 것 자체에 만족하지 않고, 무엇이든 최초로 발견하는 사람이 되기를 원했다. 이것은 창의적인 과학자들에게서 나타나는 전형적인 욕구다. 그러나 그들에게 전형적으로 나타나는 것은 아니지만 그녀 역시 돈과 명성에도 관심이 적었다. 이에 우리는 세속적인 선을 향한 욕구가 과학적 헌신과 결합되어 있는 사례를 제시할 필요를 느낀다.

왓슨(J. Watson)과 크릭(F. Crick)은 DNA의 구조를 발견했으며, 이는 인간의 건강에 지대한 공헌을 했다. 이로 인해 이해(understanding)가 근본적으로 진보하게 되었고, 무수한 생명을 살리는 신약을 개발할 수 있었으며, 궁극적으로 유전자 치료법을 발견하게 되었나. 하지만 적어도 『이중나선』(*The Double Helix*)에 적힌 왓슨의 주장에 따르면, 그들의 동기(motives)는 이타적이지 않았다. 한편, 그들의 동기는 이해를 추구하고 자연을 미학적인 관점에서 탐구하는 것을 포함하는, 과학적 선에 중심을 두었다. 왓슨은 그가 느낀 "기쁨과 경이로움"을 "너무 아름다워서 거짓이라고 할 수 없는", "매우 흥미로운" 구조의 발견으로 표현한다.[11] 다른 한편 그들은 노벨상을 수상하고 이중나선 구조를 발견한 사람으로서 그들의 이름이 영원히 기억되기를 원했다. 그래서 그들은

---

11 James D. Watson, *The Double Helix*, in *The Double Helix*, ed. Gunther S. Stent (New York: W. W. Norton, 1980), 108, 124, 또한 116을 보라.

DNA의 수수께끼를 푸는 최초의 과학자가 되는 것에 집착했다. 이에 덧붙여 그들의 또 다른 동기는 DNA 구조를 발견하는 과정에서 폴링(L. Pauling)에게 결코 지지 않으려는 라이벌 의식이었다.

그들은 과학적 모험, 개인적 열망, 그리고 경쟁적인 라이벌 의식에서 연구를 진행한 것이지 도덕적으로 헌신한 것은 아니었다. 왓슨의 회고록에서 도덕성은 단 두 차례 언급될 뿐이다. 머리말에서 그는 과학의 세계를 "열망과 페어플레이 정신이 서로 반대 방향으로 작용하기 때문에 매우 복잡하다"고 진술하고 있다. 그리고 맺은 말에서 그는 그와 크릭이 프랭클린의 덕에 감사드리지 못한 것에 대해 유감을 표시한다. 프랭클린의 X-ray 결정학은 그들이 이중나선구조를 발견하는 데 중대한 역할을 했는데 그들은 이를 허락 없이 사용했던 것이다.[12] 그럼에도 불구하고, 그들의 발견은 도덕적으로 지극히 중요한 의미를 가진다. 이와 같이, 그들의 사례는 도덕과 무관한 가치우선의 역설을 보여준다. 도덕과 무관한 동기화는 직접적인 도덕적 동기화보다도 훨씬 더 크게 도덕적인 기여를 할 수 있다.

또한 그들의 노력은 이기주의가 공동체에 공헌한다는 점에서 자기우선의 역설을 보여준다. 일반적으로 창의성과 여타의 도덕과 무관한 역설은 자기우선의 역설과 중첩된다. 이는 이기주의와 과학적 호기심이 헌신적인 과학자들의 삶에서 전형적으로 융합되는 방식을 반영한다. 머턴(R. K. Merton)은 처음 발견을 할 때 경쟁이 과학적 독창성과 관련이 있다는 것을 강조하면서 이런 동기의 융합에 대해 주목했다. "그래서 인정과 명성은 단순한 개인의 열망만을 보여주는 것이 아니고 그 이상이다. 그 인정과 명성은 제도화된 상징이고, 과학자로서 최고의

12 Watson, *The Double Helix*, 3, 132.

업적을 일궈낸 것에 대한 보상이다."[13]

왓슨은 추상적인 명성을 추구하지 않았다. 그는 과학자로서의 명성을 얻고자 했다. 만일 명성이 어떤 사회적 실천에 참여할 때 얻을 수 있는 것이라면, 적합한 명성은 과학에 외재적인 선이 아니다. 이러한 이유 때문에, 제3장에서 언급했듯이, 나는 매킨타이어가 사회적 실천의 내재적 선과 외재적 선을 구별하는 방식에 반대한다.[14] 매킨타이어는 내재적 선을 공적 선이라고 주장한다. 여기서 공적 선이란 특정 실천의 관점에서 규정되고 실천의 관점에서만 인정될 수 있다. 과학에서, 내재적 선에는 과학적 이해와 과학자가 됨으로써 가능하게 되는 의미 있는 삶이 포함된다. 외재적 선은 사적 특성을 구성하는 선이고, 예를 들면 명성, 권력, 돈과 같은 어떠한 실천(practice)을 통해 얻을 수 있다. 그러나 매킨타이어는 선이 일반성이라는 다양한 수준에서 기술될 수 있다는 점을 간과하고 있다.[15] 개인의 동기가 과학자로서의 명성을 얻는 것일 때, 명성은 오로지 과학을 통해 얻을 수 있는 내재적 선이 된다.

지금까지 논의한 바와 같이 창의성의 역설에는 큰 의문점이 없다. 다른 사회적 실천처럼, 과학은 도덕적 선에 기여하지만, 개인은 무수히 많은 동기에 따라 과학에 참여할 수 있다. 전형적으로 이기주의는 과학적 진리를 추구하고 창의적인 과학자가 되고자 하는 욕구와 같은 실천 특

---

13 Robert K. Merton, "Making It Scientifically,: in *The Double Helix*, ed. Gunther S. Stent, 216. 또한 David L. Hull, *Science as a Process* (Chicago: University of Chicago Press, 1988), 304와 Peter Godfrey-Smith, *Theory and Reality* (Chicago: University of Chicago Press, 2003), 99를 보라.

14 Alasdair MacIntyre, *After Virtue*, 2nd ed. (Notre Dame, IN: University of Notre Dame Press), 188-90.

15 Mike W. Martin, *Meaningful Work: Rethinking Professional Ethics* (New York: Oxford University Press, 2000), 185를 참조.

수적(practice-specific) 동기와 융합된다. 자신의 활동을 통한 타인 돕기와 같은 직접적인 도덕적 동기화는 특정 과학자에게 나타나지 않는다. 그러나 그런 과학자는 타인들의 복지에 크게 공헌할 것이다. 창의성의 역설과 조화되어, 과학 분야의 창의적 탁월성에 대한 욕구는 가끔 직접적인 인도주의적 봉사보다 더 큰 도덕적 혜택을 제공할 수 있다.

위험한 역설

도덕적 동기화의 역설은 동기를 유발하고 안내하며 정당화하는 데 이용된다. 그래서 스미스(A. Smith)로부터 랜드(A. Rand)에 이르기까지 자유주의자들은 '보이지 않은 손'의 논증을 사용하여 자유방임적 자본주의를 옹호했다. 자유방임주의는 최소한의 정부 규제에 의한 경제적 자기이익의 추구를 지지한다. 다시 한 번 말하자면, 밀(J. S. Mill)의 행복 역설은 자신의 특정 공리주의 버전을 옹호한다. 여기서 그는 과학적 탐구와 같은 가치 있는 활동에 따른 '더 큰 쾌락'을 강조한다. 또한 자유의 역설은 가령 특정 가치 관점을 옹호하는 종교처럼 설교적, 권고적 맥락에서 중요하다.

이 모든 것에는 위험이 존재한다. 왜냐하면, 역설은 불가피하게 한 측면만을 보고 다른 중요한 진리를 수용하지 않기 때문이다. 한 측면은 자기우선의 역설과 타인우선의 역설을 받아들이며 직접적인 반대 관점들에 비추어 해명되어야 한다. 특히, 자기우선의 역설은 협소하고, 냉담하며, 이기적인 삶을 정당화하는 데 사용될 수 있다. 다시 스미스의 '보이지 않는 손'의 역설을 들면, 이는 탐욕의 해로운 측면 효과를 고려하지 못한다. 특히 환경오염, 희귀자원의 고갈, 멸종위기에 처한 종의 형태가 환경에 끼치는 해악을 고려하지 못한다. 이 모든 것은 자유시장이 만들어내는 해악이며 자유주의자들이 반대하는 정부 간섭을 필요로 하는 해악이다. 반대로 타인우선의 역설은 오도된 이타주의와 무분별함에 기초한 노력을 지지할 때 사용되고 우리와 우리 가족에게 필요한 자원을 포기하는 과도한 관대함에 기초한 노력을 지지할 때 사용될 수 있다. 분명한 것은 우리가 이 역설을 이해하고 적용하기 위해서는 정당한 판단이 요청된다는 점이다.

창의성의 역설은 지침이나 정당화 도구로 기능하기에는 약하다는 점에서 다른 역설과 동일하게 한 측면만을 보여준다고 할 수 있다. 앞에서 살펴 본 웰즈의 인격을 토대로 하는 창의성의 역설은 너무 과장된 것이다. 봉사의 욕구는 결코 발견하는 데 도움을 주지 못하고 모든 창의적인 암 연구자들은 과학적 호기심에 의해 동기화된다고 주장하는 것은, 명백한 오류다. 엘리언의 경우를 생각해보자. 그녀는 고통스럽게 천천히 죽어가는 할아버지를 보고 직접적인 영향을 받아 과학 연구를 시작했다. 또한 그녀는 백혈병에 걸린 아이들을 구하기 위해 약을 개발하는 데서 즐거움을 느꼈다. 분명 그녀가 과학 탐구를 할 수 있었던 것은 그녀의 화학자로서의 훈련 과정이었다. 또한 그녀가 진리를 추구하면서 쾌락을 얻지 못했다면 그런 훈련은 성공하지 못했을 것이다. 봉사와 열정이라는 도덕적 동기는 그녀가 연구에 박차를 가하게 하는 추동력이 되었다. 일반적으로, 창의성의 역설은 과학자와 여타의 창의적인 사람들의 도덕적 동기를 중요하게 여기지 않는다.

이와 같은 이유 때문에, 왓슨의 회고록은 모든 과학자들의 동기화 모델로 간주될 수 없다. 사실, 어떤 과학자들은 왓슨이 보여준 과도한 이기적 동기에 충격을 받았다. 저명한 생물학자 신쉐이머(R. Sinsheimer)는 훗날 인간 게놈 프로젝트의 촉매 역할을 한 책을 『슬프게 하는 것』(*saddening*)으로 이름 붙이고, 왓슨의 세계가 "믿을 수 없을 정도로 천

박한 정신"을 보여주고 있다고 주장한다. 그는 왓슨의 세계가 "진리의 발전이나 인간성의 봉사를 추구하지 않고 세속적인 만족을 추구하는 강렬한 열망"에 오로지 초점을 맞춤으로써 "과학의 인간적, 미학적 특성"을 약화시키고 있다고 주장한다.[16] 신쉐이머는 왓슨의 회고록을 읽게 될 고등학교 학생들이 DNA 구조의 발견을 이기주의의 산물로 이해할 우려가 있다고 걱정한다. 한 마디로, 그 책의 잠재적인 부정적 효과에 대해 걱정하고 있는 것이다 이에 대해 나는 신쉐이머가 자신의 생각을 과장하고 있다고 생각한다. 그는 왓슨이 어떻게 과학적인 탐구의 즐거움을 전했는지를 인식하지 못했으며, 또한 대학의 동료인 크릭(Crick)과 어떻게 협력하고 발견할 때 보다 광범위한 경쟁과 라이벌 관계에 있는 동료들과 얼마나 협력했는지 인식하지 못했다.[17] 설령 그렇다고 하더라도, 신쉐이머를 통해 우리는 과학자들의 동기에는 일반적으로 도덕적인 헌신이 포함되어 있다는 것을 알게 된다. 사실, 왓슨은 과학자들의 동기를 판에 박듯이 규정하는 것에 대해 경고한다. 그는 "사람의 성격만큼 과학적인 탐구의 스타일도 다양하다"고 말한다.[18] 창의성의 역설은 도덕적 동기의 중요성을 약화시키고 과학과 여타의 사회적 실제의 이상의 중요성을 약화시킨다.

이러한 약화는 너무 협소하게 과학탐구의 영역을 구획화(compartmentalization)하는 것이다. 그러한 영역의 구분은 과학 탐구자들의 도덕적 검토를 부정하는 기능을 한다. 과학자와 공학자는 이기심 때문이

16 Robert L. Sinsheimer, "*The Double Helix*," in *The Double Helix, ed*. Guther S. Stent, 191-94를 보라.

17 Kay Redfield Jamison, *Exuberance: The Passion for Life* (New York: Alfred A. Knopf, 2004), 190-95를 참조.

18 Watson, *The Double Helix, 3*.

든 과학적 작업에 몰입할 때 얻게 되는 순수한 흥분 때문이든 탐구활동 과정에서 도덕적 검토를 중지하고픈 유혹을 느낀다. 진실로 문제를 원만히 해결하기 위해 완벽하게 협소한 문제에 초점을 두는 영역들도 존재한다. 더구나 연구에 영향을 끼치는 도덕적 가치의 허용은 소련 과학에서 발생한 것처럼 가치가 정당하지 못할 때 진리 탐구를 왜곡시킬 수도 있다. 그럼에도 불구하고 구획화는 진리 탐구를 '파우스트 식 거래(Faustian bargain: 선보다는 악을 촉진시키는)'로 전환시킬 위험이 있다.[19] 이에 대해서는 제6장에서 충분히 논의하겠다.

파인먼(R. P. Feynman)은 맨해튼 프로젝트(Manhattan project)에 반영된 구획화에 대해 경고한다. 그가 최초의 원자폭탄 제조에 참여하게 된 원래의 동기와 정당성은 히틀러를 패배시키는 것이었고, 나치보다 먼저 원자폭탄을 제조하기 위한 것이었다. 수년 동안 그는 그 작업의 기술 개발에 몰두하였다. 그러나 나치 독일이 항복했을 때 그는 자신의 작업에 너무 열중한 나머지 자신의 참여에 대해 재평가하는 시간을 갖지 못했다고 후회한 적이 있다. 이러한 경험에서 그는 "어떤 일을 시작해야 할 강력한 이유가 있다면 잠시 멈추고 이런저런 측면을 검토해야 하며, 여전히 원래 동기가 옳다면 발견에 참여해야 한다"[20]는 것을 배웠다. 호기심과 창의성뿐만 아니라 양심도 과학자들의 활동에서 중요함이 틀림없다.

---

19 Arnold Pacey, *Meaning in Technology* (Cambridge, MA: MIT Press, 1999), 171-98.

20 Richard P. Feynman, *The Pleasure of Finding Things Out* (Cambridge, MA: Perseus, 1999), 231-32.

도덕적 선과 도덕과 무관한 선

창의성의 역설과 도덕과 무관한 선 우선의 역설에 대한 이해는 도덕적 선과 도덕과 무관한 선을 구분하는 방식에 따라 달라지고, 도덕성에 대한 우리의 이해에 따라 달라진다. 구획화의 위험을 최소화하기 위해 도덕적 가치와 도덕과 무관한 가치를 통합하려는 우리의 능력 역시 마찬가지다. 지금까지 우리가 고려한 비형식적이고 일상적인 도덕성의 개념은 우리와 타인들의 복지에 대한 직접적인 관심을 의미하며, 도덕과 무관한 선은 진리, 아름다움, 창조적 성취 같은 것들을 의미하는 것이다. 그러나 우리는 이러한 일상적인 개념을 축소하거나 확장할 것이다. 하나의 대중적인(popular) 선택은 도덕성을 타인과의 관계에 국한시켜 도덕성과 이해타산(prudence)의 이분법을 정립함으로써 도덕성을 축소하는 것이다. 이러한 축소는 자유 역설에 대한 프랑크푸르트(Frankfurt)의 통찰력 있는 토의에 나타나 있다. 프랑크푸르트는 "도덕성이란 대부분 타인의 필요, 욕구, 그리고 권리를 고려하는 우리의 태도 및 행동의 방식과 특별히 관련되어 있다"고 단언한다.[21] 프랑크푸르트는 우리 자신의 선을 도덕과 무관한 이해타산의 문제로 만드는 이러한 축소된 개념을 사용하여, 그는 도덕성이 우리 행동의 지침으로 과대평가됐다고 주장한다. 의미 있는 삶이란 타인에 대한 일반적인 의무에 의해 형성되기 보다는 오히려 특정 개인에 대한 관심뿐만 아니라 가령 과학과 예술의 선과 같은 도덕과 무관한 다양한 선에 대한 사심 없고 열정적인 고려에 의해 보다 극적으로 형성된다. 프랑크푸르트의 도덕성에 대한

---

21 Harry G. Frankfurt, *The Reasons of Love* (Princeton, N. J.: Princeton University Press, 2004), 7.

개념은 도덕과 무관한 선의 역할을 증대시키고, 또한 도덕의 영역을 타인에 대한 보편적 의무로 축소시킴으로써 도덕과 무관한 선 우선의 역설을 확대시켰다.

이와 같은 맥락에서 윌리엄스(B. Williams)는 도덕성을 특정 가치의 체계로 좁게 인식한다. 특정 가치의 체계는 의무, 자유의지, 비난과 죄책감이 그 중심이다. 그는 도덕성을 '윤리'와 대조시킨다. 여기서 윤리란 삶에 의미를 부여하는 가치의 영역으로 규정한다.[22] 좁게 인식된 불편부당한(impartial) 도덕성의 개념에 반대하여 윌리엄스는 가치, 특정 개인과 특수한 집단과의 관계, 그리고 도덕과 무관한 선을 증진하는 개인의 (도덕적인 선택) 프로젝트가 중심인 인격 윤리를 주창한다. 그는 인격을 동정심과 정의, 또는 우정과 사랑의 관계와 관련된 도덕적 헌신을 포함하는 '기본 프로젝트(ground project)'의 결합체로 이해한다. 그러나 기본 프로젝트는 과학, 예술, 체육과 같은 도덕과 무관한 활동 또한 포함한다.

이러한 개인적 활동의 관념은 특히 과학 분야에서 시도되는 창의적인 노력에 대해서 생각해볼 때 분명해진다. 그러한 시도들은 과학자들의 삶과 공동체를 만족시키는 한 윤리적 의미를 가진다. 그러나 그 노력들은 도덕적 가치가 배제된 상태에서 정의된다. 설령 그렇기는 하지만 대다수의 개인적 행동과 개인적 관계는 다양한 방식으로 도덕적 헌신과 연결될 뿐만 아니라 도덕과 무관하고, 이기적인 헌신과도 연결된다. 예를 들면, 과학에서 생명은 개인적 의미를 추구하고 싶은 욕구와 타인에 대해 혜택을 제공하고 싶은 욕구가 혼합되어 동기화된다. 나의 관점

22 Bernard Williams, *Ethics and the Limits of Philosophy* (Cambridge, MA: Harvard University Press, 1985).

에서 보면 이 두 가지는 도덕적 목적이다. 엘리언의 경우에서, 그 생명은 일차적으로 직접적인 인도주의적 동기에 의해 추동될 것이다.[23]

개인적 프로젝트의 관념은 도덕적 가치와 도덕과 무관한 가치를 연결시키며 근대 독일인들의 사유 속에 스며들어 있다. 그것은 진정성, 자기실현, 그리고 우리가 세계에서 가치를 추구하는 방식의 바람직성(desirability)과 관련되어 있다.[24] 예를 들면 그것은 괴테(Goethe)가 강조한 우리와 타인의 삶을 풍요롭게 해주는 "사랑의 프로젝트"에서 중심이 되는 개념이다. 슈바이처(A. Schweitzer)는 괴테의 관점에 대해 다음과 같이 요약했다. "우리 모두는 자신에 대한 특별한 사랑에 대해 깨달아야 한다." 그리고 "우리의 개인적 존재의 일부인 선을 깨닫고, 인성을 완성해야 한다. 모든 사람들과 같은 방식이 아니라 각각의 윤리적 존재로서 자신만의 방식으로 깨닫고 완성해야 한다."[25]이 사랑은 과학에 대한 사랑을 포함하는데, 이는 인도주의적인 동기뿐만 아니라 이기적인 동기와도 조화를 이룬다.

두 번째 선택을 고려하면, 우리는 도덕성에 도덕과 무관한 선까지 포함시켜 확장할 수 있다. 예를 들면, 어떤 공리주의는 옳은 행위가 증진하는 본래적 선의 목록을 확장한다. 본질적인 선을 행복이나 쾌락으로 제한하는 대신, 소위 '이상적 공리주의(ideal utilitarianism)'는 지식, 아름다움의 식별, 사랑, 우정, 그리고 덕과 같은 많은 부가적인 선을 포함한다. 만일 우리가 이 목록에 창의적인 업적도 추가한다면, 도덕성과

23 Bernard Williams, "Persons, Character and Morality," in Bernard Williams, *Moral Luck* (New York: Cambridge University Press, 1981), 13.

24 Charles Taylor, *The Ethics of Authenticity* (Cambridge, MA: Harvard University Press, 1992).

25 Albert Schweizer, Goethe: *Five Studies*, trans. Charles R. Joy (Boston: Beacon Press, 1961), 139-40.

도덕과 무관한 선은 더욱 밀접한 관계를 갖게 될 것이다. 이러한 관점에서 퀴리, 왓슨, 크릭, 엘리언 모두는 진리와 창의적 표현을 탐구하는 도덕 기획에 참여한 것이다. 공리주의자들에게 있어서, 그들의 행동은 모든 선의 산출이라는 관점에서 평가될 필요가 있을 것이다. 그러나 그들의 업적이 극적인 영향을 끼친다면, 그들의 과학활동을 옳은 행위 형태로 묘사하는 것은 그럴 듯하게 보인다. 이와 관련하여 시지윅(Sidgwick)으로부터 영향을 받은 레이첼즈(J. Rachels)는 "다중 전략적 공리주의(multiple strategies utilitarianism)"를 주장한다. 이 다중 전략적 공리주의에 따르면, 우리는 도덕적 선이든 도덕과 무관한 선이든 다수의 특정 선에 대한 직접적 관심을 통해 일반적인 선을 증진한다는 것이다.[26]

덕 윤리학이 각광받고 있는 오늘날, 또 다른 도덕성의 확장은 도덕적 덕과 지적 덕을 구분하는 아리스토텔레스의 입장을 거부한다. 여기에서 지적 덕에는 호기심, 진리에 대한 사랑, 창의적인 노력, 편견 없는 판단, 사고의 명료함, 세심함, 증거에 대한 학문적 해석, 새로운 가설에 대한 개방성, 그리고 우아함과 아름다운 균형미에 대한 식별이 포함된다. 이러한 정신(mind)의 덕을 도덕과 무관한 덕으로 간주하는 대신에, 우리는 그것을 도덕적 덕으로 해석해야 한다. 그 정신의 덕들은 오직 지적 노력과 관련 있는 도덕적 덕이라는 점에서 지적 덕이다. 이것은 내가 작제프스키의 견해를 수용하여 제3장에서 지지하고 있는 관점이다. 그녀는 스피노자와 흄의 영향을 받아 지적 덕이 도덕적 덕의 특별한 경우라고 주장한다.[27]

---

26 James Rachels, *The Elements of Moral Philosophy*, 4th ed. (New York: McGraw-Hill, 2003), 198.

27 Linda Trinkaus Zagzebski, *Virtues of the Mind* (New York: Cambridge

도덕성에 관한 작제프스키의 광의의 개념은 도덕과 무관한 문제를 도덕적 문제로 간주함으로써 창의성의 역설을 해결하는 것처럼 보인다. 사실 그녀의 도덕성에 관한 개념은 단지 그 역설을 수정하고 있을 뿐이다. 그러므로 과학자들의 자기실현이 차지하는 도덕적 중요성과 그들이 타인에게 제공하는 공헌 사이에는 여전히 차이가 존재한다. 창의성 역설은 과학적 이해를 추구하는 과정에서 도덕적(지적) 덕이 간접적으로 여타의 도덕적인 선, 가령 과학자들의 의미 있는 삶과 더 광범위한 공동체의 선에 간접적으로 공헌하는 방식에 따라 수정된다.

요약하면, 도덕과 무관한 선 우선의 역설과 특히 창의성의 역설은 도덕과 무관한 선에 대한 관심이 그 자체로 도덕적 선에 종종 극적으로 공헌하는 방식을 강조한다. 이것으로부터 우리는 도덕적 선과 도덕과 무관한 선이 인간의 동기화와 더 밀접하게 연결되어 있음을 깨닫는다. 이는 윤리이론이 종종 허용하는 것보다 더 밀접하게 연결되어 있다. 윤리이론가들은 도덕과 무관한 선 그 자체에 대한 관심이 어떻게 도덕성에 공헌하는지 충분히 고려하는 것이 좋다. 이에 우리는 다음 주제인 행운의 역할에 대해 고려할 필요가 있다.

University Press, 1996), xiv. 그리고 137-65를 보라.

5

운 좋은 발견

월폴(H. Walpole)은 "세렌딥의 세 왕자(Three Princes of Seren- dip)"라는 우화에서 영감을 얻어 18세기에 운 좋은 발견(serendipity)이라는 신조어를 만들었다. 세렌딥의 세 왕자는 "그들이 여행을 하고 있을 때, 항상 우연한 사건을 접해 총명함을 발휘하여 의도하지 않았던 새로운 발견을 했다"[1]는 이야기다. 그 사건들은 다행히 행운이었다. 우리가 예상하거나 통제할 수 없는 사건들로부터 이익을 얻을 수도 있고 해를 입을 수도 있었지만 그 사건들은 다행히 행운을 얻었다.[2] 총명함은 의미 있는 발견을 할 수 있는 관찰과 추론 능력을 말한다. 이러한 행운과 통찰력의 융합은 과학 분야에서 빈번히 일어난다. 그 융합은 또한 도덕적 행운과 관련 있는 책임에 대한 이슈들과 관련이 있다. 즉, 행운은 행위와 인격의 도덕적 평가와 관련이 있다. 나는 행운이 과학에 어떤 공헌을 했는지 그 평판에 대해 살펴보고 부정행위를 비판하며 행운이 경력 관

---

1 *The Yale Edition of Horace Walpole's Correspondence*, ed. W. S. Lewis (New Haven, CT: Yale University Press, 1937-1983), 20, 407-411, 월폴(Horace Walpole)이 1754년 1월 28일 만(Horace Mann)에게 보낸 편지. 세렌딥(Serendip)은 오늘날 스리랑카(Sri Lanka)이다.

2 Nicholas Rescher, *Luck* (Pittsburgh: University of Pittsburgh Press, 1995), 24. 행운은 인과관계(causation)의 부재를 의미하지 않는다.

리에 기여한 바를 논의하며 이 장의 결론을 맺고자 한다.

공헌에 대한 평판(credit)

플레밍(A. Fleming)이 페니실린을 발견한 사건은 가장 유명한 과학적 행운의 사례에 해당한다.[3] 그의 설명에 따르면, 1928년 그는 인플루엔자에 대한 일상적인 실험을 하고 있었다. 여름휴가를 마치고 돌아오자마자, 그는 몇 주 전 박테리아의 배양균 실험에서 사용한 페트리 접시 안에 이상하게도 깨끗한 부분이 있다는 것을 알게 된다. 그는 접시를 버리거나 씻지 않고 그것에 대해 연구하기 시작한다. 분명, 접시 뚜껑이 잠시 닫히지 않거나 완전히 밀봉되지 않았기 때문에 약간의 곰팡이가 접시에 침투했고, 그 휴가 기간에 곰팡이가 자랐던 것이 분명했다. 그는 그 곰팡이가 속명 푸른 곰팡이(Penicillium)라는 것을 확인한 이후, 그 항생 물질을 페니실린이라고 명명했다. 당시, 그는 자신의 발견이 수백만 명의 생명을 구할 것이라고는 생각하지도 못했다. 그가 여러 해 동안 페니실린을 연구한 것은 사실이다. 10년이 지난 제2차 세계대전 중에 다른 과학자들이 부상병들을 돕기 위한 항생제로서 사용하기 위해 페니실린 연구를 발전시켰던 것이다.

역사가들에 따르면, 플레밍의 이야기는 불충분한 기억, 불합리한 추론에 의존한 것이다.[4] 플레밍은 자신이 페니실린을 발견한 이야기를

3 Gwyn Macfarlane, *Alexander Fleming* (Cambridge, MA: Harvard University Press, 1984); Gilbert Shapiro, *A Skeleton in the Darkroom: Stories of Serendipity in Science* (San Francisco: Harper & Row, 1986), 41-58.

4 Eric Lax, *The Mold in Dr. Florey's Coat* (New York: Henry Holt and Company, 2005), 16-24.

1944년 자신이 유명해진 다음에 썼다. 그 발견에 대한 기억은 16년이라는 시간 속에서 흐려졌을지도 모른다. 진실로 플레밍은 실험 책들에서 그 발견이 휴가에서 돌아온 2달 후 이루어졌다고 처음으로 쓰고 있다. 그리고 그 책들은 실험이 더 일찍 이루진 것이 아니라 1944년 그 당시 이루어졌다고 기록하고 있다. 아마도 플레밍은 1928년에 그가 회상하는 것과는 전혀 다른 실험을 수행했을지도 모른다. 더구나 실험실 창문이 항상 닫혀져 있었기 때문에 흩어진 포자가 열린 창문을 통해 들어온 것이 아니라 그의 연구실 아래층에 있는 연구실 즉, 다른 과학자들이 곰팡이에 대해 연구하던 연구실에서 계단통을 타고 올라온 것이었을지도 모른다.

아무튼 플레밍의 발견은 수많은 여러 곰팡이들 중의 하나가 수많은 여러 박테리아들 중의 하나와 만남으로써 가능했다. 이러한 만남을 둘러싼 실험실 사건들은 상황적 행운(circumstantial luck)의 한 사례다. 이처럼 행위의 맥락에서 발생하는 행운은 우리가 어떤 것을 선택할 때 또는 의사결정을 내릴 때 얻을 수 있는 행운이나.[5] 여기에 플레밍은 결과적 행운(outcome luck)까지 누렸다. 페니실린이 부작용도 거의 없는 효과적인 항생물질로서 예상치 못한 효력이 있다는 점에서, 그는 결과와 관련한 행운을 누렸다고 할 수 있다. 게다가 플레밍은 일반적인 항생제를 발견하기 위해 노력하지 않았는데도 페니실린을 발견했으니 운 좋은 발견(serendipity)이라 하지 않을 수 없다. 그의 발견은 찾지도 않았

---

5 도덕적 행운의 한 유형에 대해서는 다음을 보라. Donna Dickenson, *Risk and Luck in Medical Ethics* (Cambridge: Polity Press, 2003), 4-7; Daniel Statman, "Introduction" in *Moral Luck*, ed. Daniel Statman, (Albany: State University Press of New York, 1993), 11. 나는 결과와 상황적 행운에 초점을 맞춘다. 인격의 형성에서의 행운(자유의지에 대한 논쟁과 관련된 어려운 주제)을 제외한다.

던 페니실린을 발견했다는 점에서 월폴의 생각(추구하지 않았는데 가치 있는 것을 발견하는 것)을 정확히 설명한 예라고 할 수 있다.

넓은 의미에서, 운 좋은 발견은 추구하는 목표에 대한 수단을 발견할 때의 행운을 포함한다. 하나의 예는 1909년에 에를리히(P. Ehrlich)의 살바르산(Salvarsan)의 발견이다. 이것은 매독에 가장 효과적인 치료제로서 페니실린보다 앞서 발견된 것이다.[6] 에를리히는 초기 연구에서 박테리아와 기생충 질병에 대한 일반적인 치료제를 연구했다. 그러나 연구 도중 비소(arsenic)를 포함하고 있는 혼합물이 매독을 치료할 수 있을 것이라는 믿음이 생긴 이후 에를리히는 매독 치료 연구에 다시 초점을 맞추었다. 시행착오를 거듭하고 상상을 초월하는 인내심을 발휘하여 605개의 혼합물을 검증했고, 운 좋게도 살바르산이 효과적이라는 것을 발견했다. 우리가 이 예화에서처럼 운 좋은 발견의 의미를 확장하여 목표 추구 과정(sought-after goal)에서 얻는 행운까지 포함시킨다면 운 좋은 행운은 과학 어디에서나 존재한다.

플레밍과 에를리히가 발견한 것이 그들이 한 것이라기보다 그들에게 일어난 것이라면, 이러한 행운은 그들이 받을만한 과학적 평판을 떨어뜨리는가? 물론 아니다. 지성과 헌신은 그들의 연구를 가까이서(proximally) 혹은 멀리서(distally) 빛나게 한다. 가까이서는, 발견하는 순간 그들의 지성은 '총명함'을 분명하게 보여준다. 그 총명함이란, 호기심과 상상력, 민감성과 지각력, 그리고 일어나는 사건들의 의미를 간파하는 창의적인 통찰력을 의미한다. 멀리서는, 발견을 준비할 때 그들은 굳은 결심과 불굴의 의지로 과학연구에 임하고, 가치 있는 탐구를 위해 헌

6 James H. Austin, *Chase, Chance, and Creativity* (Cambridge, MA: MIT Press, 2003), 86-91.

신한다. 만일 과학자들의 발견 행위만을 중요하게 생각하는 것이 잘못이라면, 헌신적인 과학자들은 '단순한 행운아'가 아닐 것이다. 일반적으로, 과학자들의 행운은 그들의 훈련과 노력에서 나온다.[7] 그리하여 파스퇴르(Pasteur)는 "기회는 오직 준비된 자의 편이다"[8]라고 생각하였다.

과학적인 평판에서 도덕적인 평판으로 관점을 옮겨보자. 플레밍과 에를리히의 행운은 그들이 생명을 구하고 고통을 경감시킨 공로로 부여받은 도덕적 평판을 감소시킬까? 다시 말하지만, 물론 아니다. 그들의 과학적인 공헌과 마찬가지로 그들의 도덕적인 공헌은 행위와 행운, 헌신과 우연이 얽히고설키면서 나타난다. 우리는 그들이 행운을 얻었기 때문이 아니라 노력과 기술을 통해 도덕적 공헌을 했기 때문에 그들을 높이 평가한다. 보다 정확하게 말하면, 우리는 그들이 부분적으로 운 좋게 한 공헌 때문에 그들을 평가하지만 그들의 행위, 통찰력, 기술, 인내심 때문에 그들을 더 높이 평가한다.

개인적인 수준에서, 행운에 대한 지나친 강조는 불쾌감을 준다. 과학자들은 그들의 발견이 뜻밖의 행운으로 묘사되고 그들에 대한 신뢰가 감소될 때 매우 불쾌함을 느낀다. 머턴과 바버(E. Barber)가 관찰한 것에 따르면, "행운으로 여겨지는 것은 바람직하지 않다. 이는 성취가 실제로 평가받을만한 가치가 없다는 것을 함축하며, 우리가 운 좋은 개인들이 확실하게 완수할 것으로는 기대하지 않는다는 것을 의미한다(그가 단지 운이 좋은 것이라면, 결국 행운은 쉽게 그를 버린다)."[9] 이와는

7 Royston M. Roberts, *Serendipity: Accidental Discoveries in Science* (New York: John Wiley and Sons, 1989), 244-47.

8 Dean Keith Simonton, *Creativity in Science* (New York: Cambridge University Press, 2004), 10에서 재인용.

9 Robert K. Merton and Elinor Barber, *The Travels and Adventures of Serendipity* (Princeton, NJ: Princeton University Press, 2004), 170-71.

대조적으로, 행운과 총명함의 요소가 융합된 '운 좋은 발견(serendipity)' 은 그 총명함의 요소가 강조될 때 긍정적으로 판단될 것이다. 그러나 행운의 요소가 강조될 때 그 행운은 경시되거나 부정적으로 판단될 것이다.

그러나 도덕적인 책임을 평가할 때 행운의 일반적인 역할에 대해 보다 많은 논의를 할 필요가 있다는 것이 철학자들 사이에서 특히 논의되었다. 비록 그 역할이 행위와 책임에 대한 보다 광범위한 이슈로 잠시 이탈될지라도 행운의 역할은 과학 분야의 운 좋은 발견이나 평판과 직접적으로 관련이 된다.

도덕적 행운과 장점

플레밍과 에를리히의 도덕적인 공헌과 연관된 운 좋은 발견은 도덕적 행운, 즉 행위와 인격에 영향을 미치는 행운의 사례에 속한다. 레셔(N. Rescher)와 칸트(I. kant)를 포함한 일부 철학자들은 도덕적 행운의 존재를 부인한다. 그들은 도덕성을 우리가 통제할 수 있는 유일한 것으로 본다. 반면에 행운은 우리가 통제할 수 없는 것이다. 그들에게 있어서 도덕적 행운은 모순어법인 셈이다. 왜냐하면 그것은 행운이 우리의 통제 아래에 있으면서 통제 아래에 있지 않다(동일한 관점에서)고 주장하기 때문이다.

도덕적 공헌은 선택과 기회의 융합에 의해 발생한 실제적인 결과물이다. 행운 때문에 그들이 완전히 통제할 수 없었던 그들의 실제적인 성취보다는 오히려 그들의 헌신과 노력에 대해서 플레밍과 에를리히를 칭찬하는 것이 더 합당한 것이 아닐까? 일반적으로, 우리는 행운이 뒤따른 그들의 실제적인 성취보다는 오히려 그들의 노력과 관련해서 개인들을 칭찬하고 비난해야 하는 것일까?

레셔는 이렇게 생각한다. "도덕적인 차원에서 궁극적으로 중요한 문제는 업적이 아니라 노력이다." 그리고 "아무리 어떤 문제가 발생할지라도, 좋은 행동과 좋은 사람의 선(goodness)은 변덕스런 결과로부터 굳게 지켜낸다."[10] 우리는 사람들이 예견하고 통제할 수 있는 결과뿐만 아니라 그들의 의도와 노력에 대해 칭찬해야 한다. 그러나 행운이 따른 성공에 대해서 칭찬해서는 안 된다.[11] 레셔의 관점을 우리의 사례에 적용해보면, 분명 우리는 인간의 생명을 구하는 데 기여한 플레밍과 에를리히의 실제적인 공헌이 아니라 그들의 노력과 연구 기술을 칭찬해야 한다. 그들의 공헌이 기회를 살린 변덕스런 결과라면 말이다. 아마 추측건대, 우리는 비교적 근면하고 뛰어난 기술을 가졌지만 중대한 발견을 하는 데는 행운이 없었던 이름 없는 여러 과학자들보다 그들을 더 칭찬할 필요는 없을 것이다.

비록 레셔가 일상생활에서 나타나는 행운에 대해 민감하게 반응했을지라도 도덕성을 행운이 통하지 않는 하나의 영역으로 분리하고자 했다. 궁극적으로 "도덕적 행운과 같은 것은 없다."[12] 행운에 관한 한, 레셔는 크게 인격과 결과를 분리한다. 도덕적으로 중요한 것은 개인의 실제적 성공이 아니라 탁월한 의지와 수행 능력을 지닌 탁월한 인격을 갖는 것이다.[13] 여기서 레셔는 칸트의 다음과 같은 의견에 동의한다. 도덕적으로 선한 의지는 "그것이 영향을 미치고 성취하는 대상 때문이거나 그것이 어떤 제안된 목적을 성취하는 데 적합한 것이기 때문에 좋은 것

10 Rescher, *Luck*, 155–56, 162.

11 Rescher, *Luck*, 159.

12 Rescher, *Luck*, 158, 162.

13 Rescher, *Luck*, 152.

이 아니라, 오직 그것의 의지, 즉 그것이 그 자체로 좋기 때문에 좋은 것이다. …… 유용성 또는 무익성은 이러한 가치에 어떠한 것을 덧붙일 수도 제거할 수도 없다."[14]

이러한 관점은 일상적인 도덕적 이해에 하나의 맥락을 제시한다. 즉, 우리는 좋은 동기와 의도, 노력과 기술을 존중한다. 그러나 레셔와 칸트의 관점은 또 다른 맥락과 함께 직접적으로 제시된다. 즉, 우리가 행운이 중요한 역할을 한다는 것을 알고 있을지라도 우리 역시 바람직한 결과들의 가치를 평가하고, 개인들과 그들의 행동을 평가할 때 그 결과들을 고려한다. 수백만의 생명을 구하는 것은 도덕적으로 중요한 일이며, 비록 행운의 영향을 받았더라도 플레밍과 에를리히는 그 결과에 대해 좋은 평판을 받을만하다. 하지만 레셔와 칸트는 오직 동기와 의도를 강조하면서 사실상 행위와 결과에 대한 책임의 연관성을 부정한다. 네이글(T. Nagel)이 지적한 바와 같이, 실제적인 결과는 개인의 도덕적 평가와 관련이 있다. 왜냐하면, "판명되는 방식이 그가 행한 바를 결정하기 때문이며, 우리는 그들이 실제로 행하거나 행하지 못한 것을 근거로 사람을 판단하기 때문이다."[15] 확실한 것은, 우리는 그들을 행동과 그 행동에 따른 결과로 판단할 뿐만 아니라, 그들의 의도와 동기로 판단한다는 것이다. 네이글의 예시를 인용하면, 워싱턴, 제퍼슨, 그리고 프랭클린이 위대한 국가의 영웅적인 창립자든, 동포에 대한 영국의 억압을 악화시키는 데 발판을 제공한 것을 비난하던 비극적인 실패자이든, 미국 혁명의 실질적 결과는 확립된 것이다. 역사상 중요했던 대다수의 사

---

14 Immanuel Kant, *Practical Philosophy*, trans. 그리고 ed. Mary J. Gregor (New York: Cambridge University Press, 1996), 50.

15 Thomas Nagel, *Mortal Questions* (New york: Cambridge University Press, 1979), 29-30, 34.

건을 보면, 실제적 결과는 통제 불가능한 행운을 포함하고 있다. 이와 같이, 우리는 단순히 플레밍과 에를리히의 헌신, 지성, 그리고 좋은 의도를 칭찬하는 것이 아니라 생명을 구제하는 약을 창의적으로 발견한 것을 정당하게 칭찬한다. 진실로 우리는 그들의 연구 결과에 대해 모르면 그들이 무엇을 발견했는지 알 수도 없다.

당연하게도, 레셔와 칸트는 책임 있는 개인들이 그들의 좋은 의도에 대해 좋은 평판을 얻길 원하며, 그들이 옳은 것을 하고자 하는 좋고 신뢰가 가는 노력이 예측할 수 없고 피할 수 없는 결과를 낳을 때 이에 대해 비난받지 않기를 원한다. 또한 레셔와 칸트는 부정행위자들이 해를 일으키는 것을 운으로 모면했을지라도, 그 나쁜 의도와 선택에 대해 책임을 확실히 지기를 원한다. 그러나 이러한 목표들은 도덕적으로 바람직한 결과를 초래하는 행운의 도덕적 중요성을 부정하지 않고서도 충족될 수 있다. 우리는 여전히 노력과 행운이 결합된 성취를 인정하면서도, 불운에 처한 사람들의 진실한 노력과 힘겨운 활동에 대해서도 마땅한 평판을 내린다. 일상적인 도덕적 이해에 따라, 개인들은 그들의 공헌에 행운의 요소가 포함되어 있을지라도 그들의 실제적 공헌뿐만 아니라 좋은 의도와 진실한 노력에 대해서 좋은 평판을 받을 가치가 있다.

나는 레셔와 칸트가 그들의 종교적인 관점 때문에 의도와 동기를 지나치게 강조하는 것이 아닌지 의문을 가진다. 그들은 참된 도덕적 자아를 정신적 영혼으로 이해한다. 인격은 우리를 실제적 성취보다는 의도에 따라 판단하는 신(deity)에 의해 정확하게 판별된다. 나는 또한 종교적인 관점이 진실로 칭찬받을만한 것에 대한 일반적인 관점을 바꿀 것이라고 생각한다. 그러나 내가 관심을 가지고 있는 것은 도덕성에 대한 일상적인 세속적 이해이다. 이러한 이해들은 '운 좋은 발견(행운과 총명함의 상승효과)' 을 포함하는 성취에 대한 칭찬을 정당화한다. 또한 그것들은 행운이 포함된 많은 경우들의 부정행위에 대한 비난을 정당화한다.

도덕적 회의론과 비난

도덕적 행운과 관련해 가장 염려되는 것은 과학적 부정행위를 포함해 개인들의 부정행위에 대한 비난을 마치 이해하지 못하겠다는 듯이 보는 것이다(이는 제6장에서 충분히 논의된다). 자신들이 통제하지 못하는 불운을 이유로 사람들을 비난하는 것은 공정하지 못하다. 하지만 일상적인 도덕 관행은 여전히 그렇게 하고 있는 것 같다.[16] 도덕적 책임에 대한 일상적인 판단에 따르면, 개인들은 평가되고 있는 것의 통제 아래에 있으며 자유롭게 선택한다. 그러나 일단 우리가 결과와 선택을 결정하는 방식대로 이런저런 인간사에서 생기는 행운들에 맞추려면, 우리는 네이글과 윌리엄스에 따라 일상적인 도덕성을 근본적으로 개정해야 한다.

네이글은 "개인이 통제하지 못하는 문제들로, 또는 그가 부분적으로 통제하는 결과에 끼친 그것들의 영향력으로 좋은 평판을 제공하거나 비난하는 것은 비합리적인 것 같다"[17]라고 주장한다. 윌리엄스는 "만일 행복하거나 불행한 사태를 제공하는 것은 도덕적인 평가의 적합한 대상이 아니며, 또한 그것에 대한 적합한 도덕적인 결정 요소도 아니다"[18]라고

---

16 버틀러(Samuel Butler)는 *Erewhon* (New York: New American Library, 1960 [1872])에서 그러한 관행을 풍자하고 있다.

17 Nagel, *Mortal Questions*, 28.

18 Bernard Williams, *Moral Luck* (New York: Cambridge University Press, 1993), 20.

주장한다. 결국 모든 행위는 행운의 요소들을 포함한다. 그리고 행운은 때때로 도덕적 문제에 강한 영향을 끼친다. 그래서 살인에 대한 죄책감과 난폭 운전에 대한 죄책감의 차이는 운전자가 빨간 신호에서 과속하고 있을 때 보행자가 갑자기 차도로 뛰어드는지의 여부에 따라서 행운의 문제일 수 있다.[19] 그리고 살인 미수와 살인 기수의 차이는 저격수가 낮게 날아가는 새 때문에 총알의 방향을 바꾸었는지의 여부에 달려 있을 수 있다.[20]

네이글과 윌리엄스에 따르면, 이러한 예들은 일상적 도덕성이 사람들을 그들의 나쁜 운을 문제 삼아 비난한다는 것을 보여준다. 특히, 그곳에 있던 보행자를 문제 삼아 운전자를 비난하고 희생자를 지켜준 새를 문제 삼아 저격수를 비난한다는 것이다. 그러한 비난은 불공평하다. 그리고 그런 관점에서 도덕성 그 자체를 문제 삼아 비난하는 것이 타당하다. 그래서 그들은 우리가 일상적으로 사용하는 칭찬과 비난의 방법들이 일관성 있게 적용되고 있지 않다고 단언한다. 또 다른 식으로 언급하면, 도덕성은 사람들이 불행을 문제 삼아 그들을 비난하는 것이 공정하다고 하여 수용하기도 하고 불공정하다고 하여 힐난하기도 한다. 이와 같이, 일상적인 도덕성은 혼란스런 것이며, 철저한 변화가 요구되는 것이다.

나는 동의하지 않는다. 도덕성은 운이 나쁜 희생자를 비난해야 하는 것이 아니다. 그러므로 그것은 철저히 조사할 필요도 없다. 간단하게 말하면, 그 운전자는 책임감 있게 운전하지 않고 과실을 범했기 때문에 살인을 저질렀다는 죄책감을 가진다. 그리고 난폭한 운전자는 난폭한 운

---

19 Nagel, *Mortal Questions*, 25.

20 Nagel, *Mortal Questions*, 29.

전으로 인해 비난받을만하다. 둘 다 합당하게 법을 준수하고 위험(모든 위험이 아니라면 특정 위험들)의 가능성을 예견하지 않으면 안 된다. 그래서 각각은 야기된 피해에 대해 책임이 있다. 다시 말하면, 그 살인자는 의도적으로 무고한 사람을 죽였고 성공했기 때문에 비난받을만하다. 반면에 살인 미수자는 덜하지만 여전히 심각한 살인 미수를 범한 것이다. 동일한 논리를 부정행위를 한 과학자에게 적용할 수 있다. 그들의 위법행위는 큰 해를 끼치고, 또는 운 좋게도 작은 결과를 낳을 수 있다.

우리는 사람들이 그들의 부정행위에 대해 책임이 있을 뿐만 아니라 그 위법행위가 야기한 실제적 해악에 대해 책임이 있다고 생각한다. 더욱, 우리는 실제적인 결과(이 결과들은 선택과 기회의 결합으로 생긴다.)에 대해 책임이 있다고 개인을 비난한다. 그러나 그들을 비난하는 것은 통제 아래 있는 그들의 행위 때문이다. 우리는 그들이 불운에 책임있다고 하여 그들을 비난하지 않는다. 행운은 우리의 도덕적 평가에서 중요한 역할을 수행한다. 하지만 행위가 적합한 방식으로 행운과 상호작용할 여지가 충분한 한, 불공정한 것이란 아무 것도 없다.

워커(M. U. Walker)로 인해 우리는 도덕성이 실제 세계에 대한 반응이라고 생각하게 된다. 그리고 그런 세계에서는 선택과 기회의 시너지 효과가 이루어지며, 이것은 결코 완전히 따로 작용되지 않는다. 이러한 시너지 효과는 통합적인 개인에 의해 암묵적으로 인정되고 있다. 그런 개인은 신뢰받을 수 있으므로 책임을 기꺼이 수용할 수 있다. 이것은 또한 창의적인 과학자들에 의해서 인정되고 있다. 내가 일상적으로 합당한 도덕적 이해를 의미하는 것으로 보는 일상적인 도덕성(ordinary morality)은 세계가 존재하는 방식에 기초하고 있다. 그리고 그 세계는 통제와 기회의 영역을 결합시킨다. 과학자들의 도덕적 공헌에 대한 평가는 총명함과 행운의 결합에 기초하고 있다. 이와 같이, 난폭한 운전자에 대한 평가는 그들이 통제할 수 있는 것들(부주한 운전이 아닌)의 결합을 고려하며, 그들이 통제할 수 없는 운수(갑자기 나타난 보행자나 특정 순간에 나타나지 않은 보행자)를 고려한다.

워커는 "사람들이 그들의 통제 밖에 있는 요인들에 의해서 도덕적 평가를 받을 수 없다"는 개념을 논박하며 "통제를 넘어선 책임"[21]에 대해서 말한다. 하지만, 통제와 기회가 결합된 상황에서 사람들이 통제할 수 있는 것에 비추어 볼 때 그들이 책임이 있다는 것은 보다 정확하다. 확신컨대, 책임은 비난(탓)을 넘어설 수 없다. 예를 들면, 나는 어린 아이들의 의료 문제를 합당하게 처리할 책임이 있다. 그리고 이것은 내가 이 영역에서 도덕적 의무가 있음을 의미한다. 행운은 다양한 치료 선택권의 결과뿐만 아니라 그런 의료 문제들과 관련이 있기 때문에, 나의 책임은 나의 통제를 넘어선다. 비난과 좋은 평판이 당연히 통제를 넘어서는 것은 아니다. 선택과 기회가 결합된 문제에 대해 책임을 지는 것은 하나의 문제다. 그리고 비난과 찬사는 더 심오한 문제다. 이런 문제는 책임에 대한 평가를 포함하며 책임을 충족시키지 못한 일련의 복잡하고 합당한 변명에 대한 평가를 포함한다.

여기서 우리는 다음과 같은 여러 책임의 의미와 측면을 구분할 필요가 있다. 책임(의무)을 지는 것, 책임을 충족할 책무, 좋은 행동에 대해 칭찬함, 의무의 정규적인 충족에 의한 책임완수의 덕, 손해나 보상을 지불할 채무(우연히 그리고 비난할 점 없이 야기한 재산상의 손실에 대한 것), 그리고 나쁜 행위에 대한 비난 등이 그것이다.[22] 비난과 좋은 평판

---

21 Margaret Urban Walker, *Moral Contexts* (Lanham, MD: Rowman & Littlefield, 2003), 22, 26.

22 Claudia Card, *The Unnatural Lottery: Character and Moral Luck* (Philadelphia: Temple University Press, 1996), 28; Judith Andre, "Nagel, Williams, and Moral

은 우리가 우리의 책임을 다루는 방법과 관련이 있다. 그 책임은 우리의 행운보다는 우리의 선택과 통제의 영역을 목표로 한다.

인생 계획

과학 분야에 종사하는 동안 나는 특정 행동에 대한 칭찬과 비난에 대해 초점을 맞추었다. 행운은 무엇보다도 직업을 선택하는 데 중요한 역할을 한다. 윌리엄스는 특히 인생 계획을 정당화하는데 역할을 수행하는 행운에 관심이 있다. 그는 한 예술가를 예로 들어 설명한다. 고갱의 이야기는 과학자들에게도 똑같이 적용된다. 고갱은 타히티에서 그림을 그리기 위해 아내와 아이들을 버린 것(암울한 상황에서 그들을 떠남)에 대해 도덕적으로 괴로워했다. 고갱의 관점에서는, 만약 그가 성공한(여기서 성공이란 행운과 명성보다 오히려 창의적인 활동의 관점에서 성공적인 것) 화가가 될 수 있다면 가족을 버린 것은 정당화 될 수 있을 것이다. 대다수 관찰자의 관점에서는, 그의 가족을 떠나는 결정은 오직 그의 그림이 세계를 위해 중요한 선(good)을 제공할 경우에만 정당화 될 수 있다.[23] 이러한 성공은 결코 보장될 수 없다. 그것은 유리한 상황의 외적 행운이든 화가로서 천재적인 재능을 지닌 내적인 행운이든 모두 기본적으로는 행운의 문제다. 가족을 버린 행위의 정당성은 오직 결과에 비추어서 회고할 수 있을 뿐이다.

만약 우리가 예술적, 미학적 공헌이 한 가정의 포기라는 도덕적 문제를 낳는다고 생각한다면, 이 예는 설득력이 없을 것이다. 그러나 우리가

Luck," in *Moral Luck*, ed. Daniel Statman, 127.

23 Williams, *Moral Luck*, 37.

이러한 공헌들이 도덕적으로 관련이 있다고 할지라도, 화가로서의 성공이 고갱의 행위를 정당화할 수 없음은 분명하다. 다시 말하면, 그의 비난받을만한 점이 경감되거나 용서되는 것은 결코 아니다. 윌리엄스는 "성공만이 그의〔고갱의〕 선택을 정당화할 수 있을 것"[24]이라고 주장한다. 이 주장은 너무 지나친 것 같다. 이를 위해 우리는 고갱의 직업(소명)뿐만 아니라 진정성, 의미 있는 삶, 그리고 행복과 같은 문제들을 고려해야 할 필요가 있다. 예를 들면, 만약 고갱이 유망한 작품을 보여준 후에 비참하게 죽었다면, 우리는 그의 재능이 잘 드러나지 않았더라도 그는 진정으로 자신의 재능을 추구했다고 말했을 것이다. 여전히, 윌리엄스는 주장한다. 우리는 직업에 관한 결정을 평가할 때 결과를 고려해야 한다.

윌리엄스 또한 중요한 것이 다른 예와 관련이 있다는 것을 보여준다. 예를 들면, 우리는 자신의 과학적 흥미를 추구하기 위해 가족을 방치했던 아인슈타인을 생각할 수 있다. 그와 결혼한 마릭(M. Maric)은 훌륭한 수학자로서 1905년 특수 상대성이론의 개발에 기여했다.[25] 그러나 10년 후, 그가 일반 상대성이론을 개발했을 때, 그는 기본적으로 아내와 두 아이를 포기하고 그의 연구에 전적으로 집중했다. 비록 그가 자신의 노벨상 상금(오늘날보다는 적은 금액)을 아내에게 부양의 표시로 보냈을지라도 그는 좋은 남편과 아버지는 아니었다. 그는 가족과 개인적인 관계를 완전히 경시할 만큼 그의 일생을 과학에 헌신했다는 것을 인정했다. 만약 아이슈타인의 물리학 경력이 불운이었다면, 우리는 아마

---

24 Williams, *Moral Luck*, 23, 강조 추가함.

25 Andrea Gabor, Einstein's Wife (New York: Viking, 1995), 3-32; Abraham Pais, *Subtle Is the Lord: The Science and Life of Albert Einstein* (Oxford: Oxford University Press, 1982).

도 그가 가족을 대우한 방식에 대해 덜 너그러웠을 것이다.

결론적으로, 도덕적 행운(상황과 결과 모두)은 삶의 모든 측면에 영향을 끼친다. 특히, 도덕적 행운은 행위, 인격, 그리고 경력에 대해 도덕적 평가에 영향을 미친다. 도덕적 행운을 인정하는 것은 우리가 도덕성에 대해 회의하거나 도덕성을 근본적으로 개조하는 것을 가로막는 역할을 한다. 그러나 도덕적 행운은 피해자를 비난하고 불공정한 평판을 내릴 때 신중을 기하게 한다. 우리는 선택과 기회가 포함된 문제에서 개인들이 자신들의 책임에 비추어 적합하게 책임을 지는 선택을 할 때 그 책임들에 대한 평가를 신중히해야 한다. 다음 장에서는 과학 분야의 부정행위와 관련된 평가들을 충실히 살펴보자.

6

과학 분야의 부정행위

창의성에는 어두운 측면이 있다. 대단한 열정들이 그렇듯이, 창의성에 대한 열망은 너무 지나치거나 과도하면 진리에 대한 존중과 전문직 종사자로서의 책임성, 그리고 심지어 자신만의 창의적인 목표를 외면하기도 한다. 과학 부정행위는 도덕적 이상을 저버리게 만들고, 과학의 대외적인 이미지를 해치며, 대학과 기업의 명성을 추락시킨다. 심지어 과학 분야의 부정행위는 2005년 한국의 황우석 박사가 복제에 관한 거짓된 자료를 발표한 것으로 폭로될 때처럼 나라 전체에 충격을 줄 수도 있다. 그래서 과학 부정행위가 현재 중대한 관심사라는 것은 놀라운 일이 아니다. 덧붙여 과학 분야의 부정행위는 아이스킬로스의 『프로메테우스의 굴레』(*Prometheus bound*), 셸리의 『프랑켄슈타인』, 스티븐슨의 『지킬박사와 하이드』, 괴테의 『파우스트』와 같은 문학작품들 속에서 친숙한 주제가 되고 있다. 나는 이 장에서 부정직성에 대한 논의를 시작으로 하여 과학 부정행위에 대한 내부고발에 대해 검토하고, 그 다음에는 실험 대상이 되는 인간 존중에 대한 실패에 대해 언급한다. 나는 과학 부정행위의 주제를 개인적인 삶과 전문적인 삶의 중첩을 포함하게 하는 파우스트 식 거래(Faustian bargain)로 결론을 맺는다.

정직과 명예

프로메테우스는 간계와 속임수를 사용하여 제우스로부터 불을 훔친다. 어떤 전설에 의하면, 프로메테우스는 신의 신뢰를 잃고 인간에게 불행을 안겨준 시시한 사기꾼으로 묘사되어 있다. 그런데 다른 버전의 전설에서 그는 노련한 전략가로서 인류에게 엄청난 진보를 안겨준 영웅적 후원자로 나타난다. 두 전설은 각기 다른 방식으로 창의성과 속임수를 연결시켜 과학적 통합성에 대한 현대적 관심을 보여준다.

과학 부정행위의 범위는 명확하지 않다. 그리고 과학 부정행위의 범위를 얼마나 넓게 규정할 것인가에 대한 의견도 일치하지 않다. 얼마 전까지만 해도 과학 부정행위를 몇몇 비정상적인 개인들이 일으키는 것으로 경시하는 것이 일반적이었다. 그러나 그 인식은 변화하고 있다. 2005년 연구에서 과학자의 3분의 1은 지난 3년간 과학 부정행위를 범했다고 인정했다. 그 유형은 다음과 같다. "1.5퍼센트 이하는 (자료의) 위조나 표절을 인정했다. …… 그러나 15.5퍼센트는 재정 후원자의 압력에 따라 설계와 방법론 또는 연구 결과를 수정했다고 말했다. 12.5퍼센트는 다른 사람이 결함 있는 자료를 사용하는 것을 묵인했다고 인정했다. 그리고 7.6퍼센트는 인문학 주제와 관련된 요구 조건들 중에서 덜 중요한 측면을 무시했다고 말했다."[1]

우선 극단적인 경우를 들면, 스펙터(M. Spector)는 코넬대학에 다닐

---

1 Meredith Wadman, "One in Three Scientists Confesses to Having Sinned," *Nature* 435 (June 9, 2004), 718-19. 이 연구는 Minneapolis의 the Health Partners Research Foundation의 마르틴손(Brian Martinson)에 의해 수행되었다. 나는 기금 후원 단체로부터의 압력 아래 실험 설계를 수정하는 것이 항상 부정행위의 징후가 된다는 것을 지적하고 싶다.

때 교수로부터 천재라는 소리를 들었다. 왜냐하면 그가 암세포의 기능 활성화를 막는 몇 가지 새로운 효소를 정제해냈기 때문이다.[2] 어느 면에서 보나 그는 몸의 단백질 생성을 추적하기 위해서 표준적인 실험기술에 따라 방사성 인(radioactive phosphorus)을 사용했다. 그는 놀라운 수치의 변화를 발견했고 그것은 암의 발생과 관련한 혁신적인 해석을 시사하는 것이었다. 그러나 전 세계의 연구자들은 그의 실험을 똑같이 재연할 수 없었다. 다른 코넬대학의 연구자들은 그 속임수의 정체를 알아냈다. 스펙터는 발견의 근거로 요구받은 데이터를 만들어내기 위해 방사성 인이 아닌 방사성 요오드를 사용하고 있었던 것이다. 이것만이 아니라 그는 학사 학위를 받은 적이 없는데도 받았다고 거짓말까지 했다. 스펙터는 원칙을 위반했고 창의적인 과학자라기보다 사기꾼에 가까웠다. 그리고 그의 부정행위는 단지 창의적인 사람처럼 보여 다른 사람들로부터 인정을 얻는 데 그 동기가 있었다.

종종 과학적 사기행위는 창의적인 사람으로 보이고 싶은 욕망뿐만 아니라 창의적인 사람이 되고 싶은 욕구 때문에 생긴다. 과학자들은 그들의 연구가 중요한 발견을 하게 될 것이라고 확신한다. 서머린(W. Summerlin)은 유명한 면역학자인 굿(R. Good)과 수많은 논문을 공동 집필한 유능한 연구자였다.[3] 서머린은 그가 일반적인 조직 거부반응 없이 인간의 조직을 이식하는 획기적인 발견을 했다고 믿고 있었다. 그는 또한 쥐를 대상으로 그 기술을 성공적으로 사용했다고 확신했으며, 추가적인 연구 보조금이 있으면 중대한 결과를 만들어 낼것이라고 확신했다. 그가 미국암협회(American Cancer Society)의 회의에서 그의 연

---

2 William Broad and Nicholas Wade, *Betrayers of the Truth* (New York: Simon & Schuster, 1982), 63-73.

3 Broad and Wade, *Betrayers of the Truth*, 153-57.

구 개요를 설명했을 때, 대중매체들은 앞 다투어 그것을 세상에 알렸다. 그러나 다른 과학자들이 그의 실험을 재연했을 때 그가 설명한 결과와 다르게 나타났다. 특히, 굿은 서머린이 행한 최근 실험을 믿을 수 없었다. 그래서 그는 서머린에 대한 재정 지원을 중단시킬 수 있는 논문을 게재하려 했다. 서머린과 굿은 어느 날 중대한 만남을 가졌다. 그날 아침, 서머린은 매직펜으로 두 마리의 흰쥐의 여러 부분을 까맣게 표시했다. 검은 쥐를 흰쥐로 만드는 성공적인 피부이식 실험의 모습을 보여주기 위해서였다. 굿은 속고 말았다. 그러나 그날 이후 흰쥐에 남아 있던 펜 잉크를 눈치 챈 실험실 조교가 굿에게 밀고했다.

서머린의 동기는 부의 축적이 아니었다. 그 동기는 정말 잘될 것으로 기대되는 연구를 하기 위한 자금을 확보하는 것이었다. 서머린의 연구를 평가한 어느 과학자는 그가 연구 초기에는 혁신적인 이식에 성공했지만 그것은 다시 반복할 수 없었을 것이라고 추측했다. "서머린은 자신이 진실한 이야기를 하고 있다고 마음속으로 절대적으로 확신하고 있었기 때문에 철저히 속임수에 의지하고 말았다."[4] 이와 같이 서머린은 창의적이고자 하는 욕구가 얼마나 과학적 탐구를 추동하고 왜곡하는지 보여주었다.

고의적인 부정행위는 과학 부정행위의 일부분일 뿐이다. 자기기만과 잘 속는 것도 과학 부정행위에서 큰 역할을 한다.[5] 창의적인 발견을 하길 원하는 모든 연구자들은 그들의 발견을 확고히 하기 위해 그들이 원하는 결과를 보기를 너무나도 갈망한다. 그 결과는 편파적이고 엉성할 수밖에 없다. 과학에서 그 편파성과 엉성함은 냉소적인 속임수(cynical

---

4 Peter Medawar, Broad and Wade, *Betrayers of the Truth*, 156에서 재인용.

5 Broad and Wade, *Betrayers of the Truth*, 107–25.

fraud)와 용납할 수 있는 오류 사이에 위치한 중요한 결점들이다.

상온 핵융합(cold fusion)은 그 유명한 예시다. 유타대학(Univer- sity Utah)의 화학과 학과장인 폰스(S. Pons)와 그의 동료 사우스햄턴대학(Southhampton University)의 플라이슈만(M. Fleischman)은 그들이 간단한 전기화학적 반작응을 이용하여 잠재적으로 무한한 에너지 자원을 발견했다고 확신했다. 그 반작용은 수소의 핵들이 과도한 열과 방사능을 방출하면서 융합하게 만드는 것이었다.[6] 그들은 연구 결과를 상부에 알리고 이에 따른 추가적인 검증 과정을 기다리지 않고 대학 총장의 요청에 따라 그 발견 사실을 급히 기자회견을 통해 발표하였다. 폰스와 플라이슈만은 존경받는 전기 화학자들이었기 때문에, 사람들은 엄청난 비용을 들여 그들의 발표를 연구하는 데 열을 올렸다. 그러나 대부분 그들의 결과를 확인하는 데 실패했다. 폰스와 플라이슈만은 사기죄를 범하지는 않았지만 일상적인 실수(error)의 희생자는 아니었다. 그들은 자신들에게 속은 희생자였던 것이다.

자기기만은 많은 형태를 취하고 있다. 그 범위는 잘못된 믿음으로부터 고의적인 무시와 계획적인 증거 인멸에 이르기까지 다양하다. 아이러니하게도, 자기기만은 경우에 따라 가망성 있는 탐구를 추진하는 과정에서 자기확신을 가지게 하여 창의성에 기여할 수 있다. 이와 같이 때때로 자기기만은 확증보다 동기화의 수준에 머물러 있을 때 진리 탐구에 기여한다.[7] 그러나 폰스와 플라이슈만의 경우처럼, 자기기만과 편파

6 John R. Huizenga, *Cold Fusion: The Scientific Fiasco of the Century* (New York: Oxford University Press, 1993); Gary Taubes, *Bad Science: The Short Life and Weird Times of Cold Fusion* (New York: Random House, 1993); Bart Simon, *Undead Science: Science Studies and the Afterlife of Cold Fusion* (New Brunswick, NJ: Rutgers University Press, 2002).

7 Mike W. Martin, *Self-Deception and Morality* (Lawrence: University Press of

성은 과학적 기준을 위반하는 신뢰할 수 없는 인지적 실천을 더 자주 하게 한다. 과학에서 사기행위를 피하는 것만으로는 충분치 않다. 파인먼(R. Feynman)의 지적처럼, 우리에게 필요한 것은 "일종의 철저한 정직-일종의 반성"이다. 그러므로 과학자들은 실험 결과를 보고할 때 그 결과에 대한 확고한 대안적인 설명을 하기 위해 적극 노력해야 하며, 다른 탐구자들에게 도움을 줄 수 있는 모든 정보를 제공해야 한다.[8] 오직 철저한 진리만이 신뢰성을 확보하며, 그리하여 신뢰성 있는 실험의 결과는 미래에 다른 과학자들 연구의 기초 자료가 될 수 있다.

왜 과학자들은 정직한 사람이 되기 위해 자신을 돌아보지 못할까? 그 이유를 설명하는 것은 사회과학자와 심리학자들의 임무다. 그러나 우리가 앞에서 살펴본 예들은 창의적인 사람이 되고 싶어 하고, 또 그렇게 보이고 싶어 하는 욕망의 주요한 역할이 무엇인지 알려주고 있다. 더구나 평판(인정, 명성)과 돈에 대한 이러한 일반적인 관심들은 창의적인 사람이 되고 싶은 욕망과 융합되어 있다. 그러나 이러한 일반적인 동기들이 과학 부정행위를 저지르는 특정 동기들과 동등한 것으로 취급되어서는 안 된다. 제3장에서 언급한 것처럼, 매킨타이어는 전문 분야에서 이루어지는 부정행위를 돈, 권력, 인정과 같은 일반적인 동기 개념들을 사용하여 설명하고자 했다. 부정행위는 "실천의 이상과 창의성을 짓밟는다."[9] 부정행위에 대한 인간 본성적 설명은 과학자, 즉 생물학자나 물리학자로서의 평판이 중요한 당면 문제라는 사실을 정확히 짚어

Kansas, 1986), 126.

8 Richard P. Feynman, *Surely You' re Joking, Mr. Feynman!* (New York: Bantam, 1986), 311.

9 Alasdair MacIntyre, *After Virtue*, 2nd ed. (Notre Dame, IN: University of Notre Dame Press, 1984), 194.

내지 못한다. 더 나아가, 대부분의 과학 부정행위 사례에서, 창의적인 과학자가 되고자 하는 욕망뿐만 아니라 그렇게 보이고자 하는 욕망이 존재한다.

머턴은 매킨타이어의 부정행위에 대한 설명을 수정할 필요가 있다고 지적한다. 그는 독창성이 과학의 제도적 규범으로서 중요성을 가진다는 것에 주목하며, 그 규범이 강력한 인센티브를 창출하는 방식에 대해 강조한다. 과학자들은 자신들의 학문에서 창의적인 업적을 달성하는 것을 최고의 탁월성 발휘로 생각한다. 그렇다면 창의적인 사람이라고 인정하는 것은 자신의 일을 창의적으로 수행한 사람이라고 인정하는 것과 같다. 따라서 그런 인정은 과학자의 일차적인 지적 자산이 된다. 즉, 과학적 연구들은 출판이 되어 대중의 자산이 되기 때문에 과학의 소유권(ownership)은 우리의 창의적인 결과물에 대한 타인들의 인정을 의미하는 것이다.[10] 머턴은 많은 이기적인 동기가 제도화된 과학적 규범에 대한 심리적 대항물(counterpart)이라고 결론을 내린다.[11] 이러한 강조가 극단으로 나아갈 경우, 창의성의 규범은 부정행위를 방치할 수 있다. "과학 영역의 경쟁은 독창적이고 중요한 발견을 크게 강화하고, 경우에 따라서는 인정되지 않거나 수상한 수단으로 경쟁자를 이기려는 인센티브를 창출할지도 모른다."[12]

---

10 Robert K. Merton, "Priorities in Scientific Discovery," in Robert K. Metron, *The Sociology of Science*, ed. Norman W. Storer (Chicago: University of Chicago Press, 1973), 294–95.

11 옮긴이 주: 머턴은 과학 공동체의 규범으로 공유주의, 보편주의, 공평무사, 조직적 회의주의를 든다. 여기서 공유주의란 과학자들이 연구결과를 공유하는 것이고, 보편주의란 과학적 성취에 따라 과학자를 평가하는 것이며, 공평무사란 과학자들이 진리 추구에만 관심을 두는 것이며 조직적 회의주의란 과학자들이 높은 수준의 엄밀성과 증명을 추구하는 것이다. 이기적 동기는 위의 공평무사 규범을 위반한 것이다.

우리가 창의성을 새롭고 가치 있는 것으로 개념 규정한다면, 머턴은 이 중에서 새로운 것(최초의 독창적인 발견)을 강조하고 있으며, 이에 반해 헐(David L. Hull)은 가치 있는 것(의미 있는 공헌)을 강조하고 있다. 헐은 다음과 같이 지적한다. "과학자들이 자신들의 활동과 관련하여 가장 중요한 인정을 받았다고 할 수 있는 것은 같은 영역에서 일하는 과학자들이 그들의 발견을 연구에 이용하는 것이다. 물론 여기에는 그들과 가장 치열하게 경쟁하고 있는 동료들도 포함된다. 과학자들은 동료들의 활동 결과를 이용하지 않고 연구를 진행할 수 없으며, 그 결과를 사용할 때는 암암리에 그 가치를 인정하지 않을 수 없다."[13] 일단 과학자들의 아이디어가 갖는 가치가 그들의 연구 영역 내에서 정립되면, 그들은 그 아이디어가 출판되었을 때 폭넓은 명예를 획득하기 원할 것이다. 그러나 그 인정의 여부는 그들이 자신들의 영역 내에서 얼마나 의미 있는 발견을 했느냐에 달려 있다. 차후 연구 발전에 인식론적으로 중요한 발견을 했거나 기술적, 도덕적으로 의미 있는 발견을 했다면 크게 인정을 받을 것이다. 부정행위는 인정을 받고자 하는 욕망이 과도할 때 발생할 수 있다. 이런 맥락에서 '과도한(excessive)' 이라는 단어는 강렬함을 느끼거나 강한 동기화에 대해 언급한 것이 아니다. 오히려 균형을 유지해야 하고 인정을 받고자 하는 욕망을 제한해야 할 여타의 중요한 도덕적 가치들을 무시하는 것에 대해 언급한 것이다.

---

12 Merton, *The Sociology of Science*, 311.

13 David L. Hull, *Science as a Process* (Chicago: University of Chicago Press, 1988), 309-10.

내부고발

과학 부정행위는 내부고발자들이 그것을 드러낼 때까지 은폐된다. 역사적으로, 과학계는 내부고발의 필요성을 인정하지 않았다. 과학이란 오류와 사기를 일상적으로 수정해가는 자기수정(self-correcting)의 기획이다. 실험, 특히 중요한 실험은 재검을 통해 확인한다. 그래서 오류가 더 많은 해악을 끼치기 전에 일상적으로 그 오류를 밝혀낸다. 소머린(Sommerline)의 경우처럼 과학자가 데이터를 보고할 때 사기를 치든, 폰스와 플라이슈만의 경우처럼 자기를 기만하거나 불성실하게 처신하든, 이러한 경우가 발생하는 것은 사실이다. 과학에 대한 낙관적인 관점은 연구비용의 문제와 판에 박힌 실험들만 저널에 출판되는 문제 때문에 상대적으로 작은 비율의 실험만 반복되고 있다는 것을 간과하고 있다. 더구나 과학자들은 서로의 활동을 신뢰할 필요가 있다. 그리고 사기는 미래의 연구를 오도할 수 있고 중요한 자원을 소비할 수 있다.

그래서 내부고발자들은 부정직을 폭로하는 데 중요한 역할을 수행한다. 매직 잉크로 흰쥐를 칠한 것을 실험실 조교가 알아차리는 경우와 같이 이러한 폭로는 아주 드물다. 과학 부정행위가 발생할 것이라고 의심하는 동료들은 종종 확실한 사기의 증거를 확보하기 힘들다. 더구나 불성실하거나 부정직한 과학적 주장은 배신이기 때문에 고소의 원인이 된다. 심지어 가장 책임 있고 용기 있는 내부고발자들도 보통 해고되거나 다른 직장을 구하는 것을 방해받는 등의 고초를 겪는다.

내부고발은 대개 조직 내부든 외부든, 조직의 심각한 도덕적 문제와 관련된 정보를 승인된 조직 채널 외부에 있는(그 문제와 관련하여 행동을 취할 위치에 있는) 사람에게 전달하는 것으로 규정된다. 오늘날 대부분 모든 조직들은 조직 내의 자유로운 소통을 예찬하는 열린 정책의 추진을 주장한다. 그러나 현실에서는 문제를 제기하는 개인들에 대해 권위를 가지고 강하게 압력을 가하고 다른 식으로는 그들을 문제아로 낙인찍는다. 따라서 우리는 내부고발의 개념에 다음과 같은 내용을 추가할 필요가 있다. 즉, 내부고발은 상관과 동료 직원의 요구와 같은 조직적 압력에 굴하지 않고 승인된 조직 채널 내에서 정보를 소통하는 것이라는 내용을 추가할 필요가 있다.[14]

다수의 문학작품은 내부고발이 정당화되는 시기와 관련한 이슈를 다룬다. 보통 내부고발은 다른 사람에게 해를 끼치지 않을 보편적인 의무에 해당된다고 논의된다. 그러한 의무가 공리주의 윤리(최대 다수의 최대 행복)에 근거를 두든, 정의 윤리(인간의 권리 존중), 혹은 덕 지향적 이상(관대함이나 정의)에 근거를 두든 상관없다. 예를 들면, 어떤 철학자들은 승인된 조직적 채널 내에서 첫 작업을 할 때, 그리고 심각한 부정행위의 증거를 획득할 때 어떻게 해야 하는지 그 진행 방법에 대한 규칙을 진술하고자 한다.[15] 다른 철학자들은 내부고발의 상황이 너무 복잡하기 때문에 단순한 규칙으로 이해하기 어렵다고 보고 그 대신, 고려하고 평가해야 할 요소들을 확인한다.[16] 대안으로 또 다른 윤리학자들은 다른 사람들에게 해를 끼치지 않을 의무보다는 개인적 충실성에 더욱 초점을 맞춘다. 심각한 부정행위를 비판하는 조직 구성원들은 그들

---

14 Mike W. Martin, *Meaningful Work: Rethinking Professional Ethics* (New York: Oxford University Press, 2000), 139; Mike W. Martin and Roland Schinzinger, *Ethics in Engineering*, 4th ed. (Boston: McGraw-Hill, 2005), 172-73.

15 Richard T. DeGeorge, "Ethical Responsibilities of Engineers in Large Organizations, *Business and Professional Ethics Journal* 1 (Fall 1981): 1-14.

16 Gene G. James, "Whistle Blowing: Its Moral Justification," in *Business Ethics*, 4th ed., ed. W. Michael Hoffman, Robert E. Frederick, and Mark S. Schwartz (Boston: McGraw-Hill, 2001), 291-302.

이 내부고발을 하지 않는다면 그 부정행위에 연루되어 공모자와 다름 없는 사람이 된다.[17]

내 생각에는, 해악을 예방하고 통합성을 유지하는 것은 대다수 내부고발 사건의 표면적인 이유다. 더구나 과학에서는 인격과 관련된 문제를 부가적으로 고려해야 한다. 과학은 모든 참여자들이 진리추구를 위해 공히 헌신하는 것에 달려 있다. 연구 보고 과정에서 심각한 부정행위를 알게 될 때 과학자들은 적절한 단계를 밟아 그런 이상을 실천할 특별한 책임이 있다.

과학 분야의 부정행위를 고발할 의무는 조건부적 의무(prima facie)다. 즉, 그것은 한계와 예외가 있으며, 다른 도덕적 의무와 균형을 이루는 것이 필요하다. 특히, 잠재적 내부고발자들은 그들의 고용주와 동료들에 대한 의무에 대해 고려해 볼 필요가 있다. 많은 사례에서, 이런 두 개의 의무를 균형 있게 만드는 최선의 방법이란 조직 내에서 해당 연구가 재검토되고 필요하다면 다시 실행되어야 한다는 것을 요구할 권리를 내부고발자에게 허용하는 절차를 마련하는 것이다. 그러나 실제로 내부고발자에게는 그러한 절차에 따라 진행할 수 있는 여건이 허용되고 있지 않다. 그래서 일어날 수 있는 여러 복잡한 상황들을 묘사할 소설가가 필요한 것이다.

굿맨(A. Goodman)은 그런 소설가이다. 『직관』(*Intuition*)에서 그녀는 창의적인 열망을 둘러싼 도덕적 애매함 그리고 내부고발과 같은 것들에 대해 탐구한다. 젊은 과학자인 클리프는 그가 새로운 것으로 보이는 암 치료제를 우연히 발견했다고 확신하게 됐다. 그가 몸담고 있는 연

17 Michael Davis, "Some Paradoxes of Whistleblowing," *Business and Professional Ethics Journal* 15 (Spring 1996), 3–19.

구실의 한 간부는 다른 경쟁 연구팀이 앞서 발표하지 못하도록 그의 연구 결과를 빨리 발표하기를 재촉했지만, 또 다른 간부는 그 결과를 너무 빨리 발표해서 겪게 될 어려움에 대해 걱정했다. 클리프의 동료이자 여자 친구인 로빈은 그의 결과를 보증하는 역할을 맡았다. 그녀는 연구의 일원으로서, 클리프의 연구 노트를 검토한 결과, 그가 보고한 실험 결과 발표 데이터 내용이 그 노트의 내용과 서로 일치하지 않는다는 것을 발견했다. 로빈은 그녀 자신의 직업에 좌절감을 느꼈고 클리프의 성공이 샘났다. 또한 클리프가 이러한 실험 관련 데이터를 숨기고, 다른 데이터를 과장한다고 생각했다. 그리고 다른 실험도 하나의 실험인 것처럼 속여 정보를 조작할 것이라고 확신했다. 그녀가 이러한 믿음을 연구소장에게 전하려 할 때, 한 감독과 다른 여러 동료들이 그녀에게 극한적인 적대감을 드러냈다. 결국 그녀는 연구실 밖의 동료들에게 자신의 생각을 말했다. 그래서 그 사건은 그녀의 통제를 벗어나게 되었다. 간접적으로 그녀는 처음 클리프를 사기꾼으로 비판하고 술주정뱅이로 만들게 되었으며, 연방정부의 조사를 재촉하는 결과를 낳았다. 다른 연구실에서 행한 실험은 그의 연구 결과를 뒷받침해주지 못했다. 결국 클리프(의 연구는 달리 해석될 수밖에 없다. 여러 점에서 로빈은 기특하게 행동했다. 아마 애매함에 대한 참을성의 감각을 폭넓게 가졌기 때문에 그녀는 내부고발을 진행할 때, 보다 신중하게 대처할 수 있었을 것이다.[18]

굿맨의 소설은 권위 있는 두 대학의 총장까지 지낸 노벨상 수상자 볼티모어(D. Baltimore)의 실화에 느슨하게 바탕을 두고 있다. 이 사건은 훗날 그의 이름을 따서 매우 불명예스럽게 볼티모어 사건으로 불리게 되었다.[19] 1986년, 볼티모어는 거대한 MIT 연계 조직인 화이트헤드협

18 Allegra Goodman, *Intuition* (New York: Dial Press, 2006), 313.

회를 이끌었고 MIT 작은 연구소 감독관 이마니시-카리(T. Imanish-kari)는 다른 사람들과 함께 공동 논문을 집필했다. 『세포』(*Cell*) 잡지에 발표된 그 논문은 연구자들이 믿기에 인간 면역학의 중요 이슈가 될만한 문제에 대한 쥐 실험을 보고하였다. 그 논문이 제출될 쯤 이마니시-카리는 박사 과정 이후 과정을 밟고 있는 연구 동료인 오툴(Margot O'toole)에게 그녀의 실험을 다시 하도록 지시했다. 변덕스러운 성격으로 유명한 이마니시-카리는 빨리 결과를 내라고 오툴에게 엄청난 압력을 가했다. 그러나 오툴은 1년간 헌신하고 기술을 투여했음에도 불구하고 감독관의 데이터를 확신할 수가 없었다.

왜 그녀의 실험이 성공하지 않았는지를 검토하면서 오툴은 그녀가 연구에 참여하기 전부터 보관되어온 17페이지의 연구노트를 발견한다. 여기에는 이마니시-카리를 포함한 다른 연구자들이 실험을 하면서 겪은 어려움을 기록하고 있었다. 그 내용에 따르면, 저널에 실린 논문 데이터들은 부정확한 것이고 부적절하게 보고된 것처럼 보였다. 어떤 시점에서 오툴은 그 논문이 취소되고 그 데이디가 수정되어야 한다고 요구했다. 그러한 요구는 과학적 통합성의 기준에 매우 부합되는 것이었다. 그러나 이마니시-카리와 볼티모어는 오툴의 주장에 동의하지 않았다. 그러자 오툴은 다른 학교에 근무하는 동료에게 그 사건을 보고했다. 처음에 이마니시-카리는 부정행위에 대해 죄책감을 느꼈다. 그러나 외부에 호소한 결과, 그런 발견으로는 증거가 불충분하다는 결론이 내려졌다.

의문은 오랫동안 지속됐다. 첩보국의 조사 결과 이마니시-카리의 연

---

19 Horace Freeland Judson, *The Great Betrayal: Fraud in Science* (Orlando, FL: Harcourt, 2004), 191-243.

구 논문들이 부정확하다는 것이 입증되었다. 그녀는 적어도 타락한 과학연구에 참여한 것이고, 그녀의 학위 또한 정직한 노력의 결과로 인식되지 않았다. 볼티모어에 대해 말하면, 그는 논쟁을 하는 동안 대부분 호전적이었고 비협조적이었다. 그는 이마니시-카리의 실험을 충실히 감독하지 못했기 때문에, 더 많은 실험을 수행한 다음 발표해야 하는 데 동의해야 했다. 그런데 그는 입장을 고수했고, 아무것도 빠뜨리지 않았다고 확신했다. 그래서 그는 많은 사람에게 거만하고 자만심으로 가득 찬 모습으로 비춰졌다. 결과적으로, 별로 중요하지 않은 과학적 갈등이 과학계에서 국민적인 토론으로 확대되었으며 연방정부의 심리와 공판까지 이루어지게 되었다.

볼티모어의 사례와 굿맨의 사례는 과학적 창의성이 내부고발의 윤리를 복잡하게 드러내며 얼마나 부정적 자아의식과 불행한 협력을 낳게 할 수 있는지 보여준다. 내부고발자들은 종종 젊은 과학자들이며 권력위계의 가장 낮은 곳에 있는 연구소 기술자들이다. 오툴과 같이 최고의 전문직 규범을 지지하는 대단히 용기 있는 내부고발자들이 많다. 확신컨대, 모든 내부고발자들이 책임감 있고 신중하게 행동하는 것은 아니며 최소한 그들 중 절반은 의심스러운 동기와 증거에 의거해 행동한다. 그래서 결국은 그들 조직의 평판을 훼손시킨다. 볼티모어의 경우를 고려하여 대학과 회사들은 다른 과학자와 조직에 큰 해를 입히지 않고 과학연구 결과를 책임 있게 보고하도록 격려하는 새로운 절차를 개발하였다. 그러나 그보다 더 많은 조치가 강구될 필요가 있다. 그래야 우리 모두는 책임감이 강한 내부고발자들을 보호해야 한다는 사회적 책임을 공유하게 될 것이다.

진리 탐구와 인간 존중

지금까지 우리는 과학의 핵심인 진리에 대한 헌신을 약화시키는 불성실한 태도에 대해 살펴보았다. 그러나 진리에 대한 헌신도 너무 지나치면 다른 중요한 가치, 특히 실험 대상이 되는 인간에 대한 존중을 약화시킬 수 있다. 인간에 관한 연구는 위험을 감수하고자 하는 실험 대상이 되는 인간들의 의지에 달려 있다. 그런 의지는 비형식적, 자발적 합의에 기초해야 하며 개인의 존엄과 가치의 존중에 근거를 두어야 한다.

멘겔레(J. Mengele)는 극악무도한 부도덕성(지독한 악)의 사례이다. 멘겔레는 훈장을 수여받은 장교이자 나치의 이론가였으며, 아우슈비츠가 가지는 연구의 가치를 인정하고 그곳으로 가는 것을 희망한 저명한 내과 의사이자 연구자였다. 그는 쌍둥이에 대한 연구에 심취해 있었으며 이 연구를 통해 인간 특성의 생물학적, 환경적 요인들을 밝혀내고자 했다. 이로 인해 수십 명의 쌍둥이들은 처형을 모면하게 되었다. 또한 그는 사람들이 탄 기차가 아우슈비츠에 도착했을 때 박사로 보낼 사람과 곧바로 처형장으로 보낼 사람을 분류하는 작업에 기꺼이 참여하였다. 실험을 수행할 때, 멩겔레는 쌍둥이들을 겉으로는 친절하고 아버지 같이 다정하게 대했으며 실험을 위해 부검을 할 때는 살인을 저지르며 악마처럼 잔인하게 대했다. 전쟁이 끝난 후 살아남은 두 쌍둥이들은 그를 '지킬박사와 하이드' 같았다고 묘사하였다.[20]

우리는 멩겔레가 진리 탐구자와 끔찍한 폭군으로 분열되는 모습을 어떻게 이해할 수 있을까? 스티븐슨의 『지킬박사와 하이드』에서, 정신

---

20 Robert Jay Lifton in *The Nazi Doctors: Medical Killing and the Psychology of Genocide* (New York: Basic Books, 1986), 335에서 재인용.

적 분열은 지킬박사가 그 자신을 대상으로 한 실험 때문에 생긴다. 그는 자신의 의지에 따라 융통성이 없고 고지식한 성격을 가진 자신을 냉담하고 잔인한 하이드(자신의 또 다른 자아)로 바꿀 수 있는 약을 발견한다. 그 두 자아는 자신의 내적 분열의 문제를 해결하기보다는 갈수록 서로 다투고, 끝내는 하이드가 지킬을 죽이고 온전히 자기 자신이 되고 만다. 사실 하이드는 전적으로 사악한 것만은 아니며, 지킬에게서는 찾아볼 수 없는 활력을 소유하고 있다.[21] 정신과 의사 리프턴(Robert J. Lifton)은 멩겔레와 나치 당원 의사들을 유사한 정신적 이중성(psychic doubling)의 관점에서 이해하고 있다. "온전한 자아를 두 개로 기능하는 자아들로 나누면 어느 한 자아가 완전한 자신처럼 행한다."[22] 정신적 이중성은 죄책감에서 벗어나게 하는 무의식적인 과정이다. 나는 그런 이중성이 일어난 것에는 의문을 제기하지 않지만, 그 이중성이 멩겔레의 경우를 설명해준다고는 보지 않는다. 멩겔레는 무의식적인 내적 분열을 겪었다기보다는, 아리아인(Aryan)을 미화시키고 유대인들과 여타의 소수 인종을 인간 이하로 취급하는 인종차별주의에 따라 일관되게 행동하는 통일적 인격체에 더 가까웠다.[23]

문자 그대로 해석하기보다 유연하게 해석하면, 분열된 인성의 개념은 부정행위를 저지를 수 있는 일종의 갈등적 동기화의 은유가 된다. 예를 들면, 뉘른베르크 강령(Nuremberg Code)이 인간을 대상으로 한 실험에서 반드시 충분한 정보에 의한 동의와 자발적 동의를 구하도록 한

21 Robert Louis Stevenson, *Dr. Jekyll and Mr. Hyde* (New York: Bantam, 1981), 100-101.

22 Lifton, *The Nazi Doctors*, 418.

23 Berel Lang, *Act and Idea in the Nazi Genocide* (Chicago: University of Chicago Press, 1990), 48-56참조.

후에도 오랫동안 악명 높은 터스키기 매독 연구(Tuskegee Syphilis Study)는 지속되었다.[24] 그 연구는 매독을 치료하지 않은 자연적인 상태에서 매독이 어떤 진행 경과를 보이는지에 대한 귀중한 지식을 발견하는 것이었다. 그러나 연구팀은 매독에 걸린 가난하고 교육을 거의 받지 못한 흑인 남성들에게 매독이 아니라 그들이 가지고 있는 "나쁜 피" 때문에 치료를 받는 것이라고 말했다. 사실, 그들 중 상당수는 질병의 치명적인 경과를 관찰하기 위하여 거짓말을 한 의료진으로부터 위약치료(placebo)를 받는 것이었다. 그 당시 불완전한 효과가 있는 치료제인 살바르산(Salversan)이 가능했지만 치료 기금이 부족하여 보류되었고, 그 연구가 끝나기 전 몇 년 동안 페니실린이 효과적인 치료제로 사용될 수 있게 되었다. 40년의 연구 기간 동안 최소 28명의 남자들이 불필요하게 죽었다.

터스키기 연구는 부분적으로 미국 공중위생국(public health service)의 재정 투자로 이루어졌다. 공중위생국 장관은 미국 우성학회(American Eugenics Society)의 회원이었다. 미국 정부는 다른 많은 과학 부정행위, 특히 국가 안보 이익에 한 몫을 하는 일들에 관여했다.[25] 예를 들면, 수많은 방사선 실험들이 연구 주체나 방관자와 관련된 문제, 가령 수천 명의 사람들이 핵폭발로 인해 발생한 유독한 구름에 노출된 유타주와 네바다 주의 문제에 대한 합의 없이 수행되었다. 이러한 사례들에서 볼 때 애국심은 창의적 활동, 인정, 고용을 위한 일상적 동기를 강화하는 역할을 한다.

터스키기 연구와 멩겔레의 사례는 진리 추구가 개인적 인정으로부터

24 James H. Jones, *Bad Blood: The Tuskegee Syphilis Experiment* (New York: Free Press, 1993).

25 Andrew Goliszek, *In the name of Science* (New York: St. Martin's Press, 2003).

돈에 이르기까지 광범위한 동기들과 어떻게 연결되는지 관심을 가질 필요가 있다는 것을 보여준다. 보다 최근 연구자들을 유혹하는 것은 미묘한 차이를 보이지만 어디에서나 존재한다. 예를 들어, 돈이 중심이 된 이해충돌에 대해 고려해보자. 이해충돌은 연구자들이 전문적인 판단을 통해 타협하거나 그러한 타협이 이루어지는 상황을 보여준다. 하나의 실례는 1998년의 겔싱어(Jesse Gelsinger)의 사례인데, 그는 17살이었고, 오랫동안 희귀한 유전적 장애 때문에 의료 합병증을 앓았다.[26] 그와 아버지는 펜실버니아대학의 연구에 참여하여 실험적인 유전자 치료의 수용 수준(독성 수용)을 합의해 결정하였다. 실험 계획서(protocol)에 따라 환자들은 여섯 집단으로 나뉘어 유전자 변형 아데노바이러스(adenovirus)를 점점 더 강하게 주입받았는데 겔싱어는 가장 높은 수준의 바이러스를 투여받았다. 4일만에 그는 주입 물질로 인한 합병증으로 죽었다. 이후 그의 아버지는 대학 연구소와 연구소장이 실험 물질을 소유한 제약 회사로부터 재정을 지원받고 있다는 사실을 알게 되었다. (연구소 이사는 그 제약회사의 주식을 1,350만 달러에 팔았다.) 의학 실험에서 충분한 정보를 제공하여 환자의 동의를 얻었는지, 특히 위험이 충분히 고지되었는지에 대한 의문이 제기됐다.

고등교육이 점점 상업화되면서 이해충돌은 급증하고 있다. 돈에 묶여 있는 대학들은 간절하게 기업, 특히 생명공학기업과 상호 이익을 주고받는 파트너십을 맺길 원한다. 이러한 조치들 중에는 공공의 이익에 해당되지 않는 것들도 있다. 예를 들면, 한 대학의 연구자들은 유방암 발생 유전자를 발견했다.[27] 연구자들은 납세자가 낸 수백만 달러의 자

26 Ronald Munson, *Intervention and Reflection*, 7th ed. (Belmont, CA: Wadsworth, 2004), 3-8.

27 Jennifer Washburn, *University, Inc.: The Corporate Corruption of American*

금을 이용하여 실험했지만 즉시 유전자 특허를 얻어 철저하게 다른 연구자들이 유전자를 사용할 수 없도록 제한하는 독점권을 한 회사에 주었다. 이해충돌을 공개적으로 인정할 경우 대부분의 대학과 기업 사이의 파트너십은 보다 많은 수익을 창출한다. 그러나 그들 대다수는 이를 인정하지 않는다. 2000년의 한 연구에 따르면, 250개의 연구기관 중 3곳만이 연구자들에게 재정적 이해충돌과 관련된 연구 주제의 정보를 제공하도록 요구했다.[28]

도덕적인 애매성과 파우스트 식 거래

부정직, 내부고발, 의학실험에서 환자의 동의를 얻는 것은 전문직 윤리의 핵심 주제들이다. 그러나 파우스트 식 거래는 그 핵심 주제들의 중심을 사적인 삶과 전문적인 삶의 중첩에 둘 때는 거의 논의되지 않는다. 괴테의 전설적 버전에 따르면, 파우스트는 도덕적으로 애매한 거래를 했다. 그가 잃은 지식과 경험을 얻은 것에 대한 답례로, 그는 악마가 그의 영혼을 빼앗는 것에 동의한다. 그 거래는 몇 사람을 죽게 하는 등 많은 해를 끼치지만 그의 창의적인 노력은 신이 그를 구해주기로 결정할 만큼 매우 훌륭하다. 이야기는 여러 의미가 있고 결과적으로 "파우스트 식 거래"라는 개념은 여러 의미를 가질 수 있다. 파우스트 거래는 (a) 보다 큰 사회적 선(예: 새로운 지식)을 추구할 때 큰 개인적 위험(예: 비난)을 감수하는 것, (b) 다른 사람들을 해쳐 개인적인 선(예: 창의성)을 추구하는 것, (c) 또 다른 개인적인 선(예: 명성)을 위해 개인적인 선

Higher Education (New York: Basic Books, 2005), xi.

28 Derek Bok, *Universities in the Marketplace: The Commercialization of Higher Education* (Princeton, NJ: Princeton University Press, 2003), 70.

(예: 영혼)을 위험에 처하게 하거나 희생시키는 것, (d) 개인 또는 집단으로서 선과 악이 애매하게 융합되어 있는 프로젝트를 수행하는 것이다. 나는 여기서 파우스트 식 거래를 첫 번째 의미, 공적 선을 성취하기 위해 위험을 감수하는 의미로 사용할 것이다.

미국의 과학적 자유와 책임을 위한 과학개발협회는 과학자들이 삶의 질 향상을 위해 지식을 사용하는 것이 기본적인 책임이라고 확언한다. 그들의 전문성과 권위 때문에, 과학자들은 위험을 예측할 수 있는 최고의 자격이 있다. 확신컨대, 그들은 공교육의 교육자가 되기 위해 자신의 연구경력을 포기할 필요가 없으며, 공적 위험의 경고에 제한을 가하는 기밀을 유지할 의무가 있다. 그럼에도 불구하고 슈레더 프레체트(Kristin Shrader-Frechette)가 지적한 바와 같이, 과학자는 "그것이 큰 비용이나 희생 없이 수행될 수 있다면 선을 성취할 의무"[29]를 가진다. 이 일반적인 의무는 그들의 특별한 책임인데, 공적 선과 관련된 과학적 정보를 대중에게 제공한다는 것이다. 또한 부도덕한 의도에서 과학적 연구를 하지 않는 것이다. 이런 책임이 무엇인지 정확히 밝혀내기 위해서는 개별적인 사례 분석이 필요하다.

하버(F. Haber)의 사례는 모범적인 인간과 저주받을 인간이 동시에 등장한다. 하버는 대기 중의 질소를 암모니아로 변환하는 방법을 발견하여 노벨상을 받았는데 그것은 비료를 만드는 데 사용됐다. 이 질소 응고 과정은 오늘날에도 여전히 사용되고 있으며, 이는 세계의 식량 생산을 크게 증대시켰다. 그것은 지구 인구의 약 3분의1인 20억 명의 생존을 가능하게 한다. 그러나 하버는 제1차 세계대전 중에는 독일군의 군

---

29 Kristin Shrader-Frechette, *Ethics of Scientific Research* (Lanham, MD: Rowman & Littlefield, 1994), 67.

사 작전에 그 과정을 적용했다. 처음 그는 재래식 무기 생산을 위해 질산을 만들었지만, 나중에 그는 독가스의 개발을 지휘했다. 그의 동기는 과학적 호기심과 열렬한 민족주의로 이루어져 있다. 그는 자랑스럽게 군복을 입고 수백 명의 적군을 살인하는 것을 지휘했다. 20년 후에 그가 광신적 애국심으로 봉사한 나라는 유태인인 그를 오히려 배반하고 추방했다. 마지막 아이러니는, 그가 개발한 독가스 중의 하나인 지클론(Zyklon)이 지클론 B로 개발되어 아우슈비츠와 트레블린카의 대량 학살에 사용되었는데, 그곳에서 그들의 친척들이 죽었다는 것이다.

찰즈(D. Charles)는 오늘날 우리가 직면하고 있는 문제를 하버가 직면했다고 이렇게 말한다. "하버는 현대적 파우스트의 삶을 살았고, 그는 자신의 지식과 진보에 대한 열정을 가능하게 해줄 수 있는 주인을 기꺼이 섬겼다. 그는 악한 사람이 아니었다. 그를 정의하는 특성, 즉 충성심, 총명함, 관대함, 근면함, 그리고 창의성은 그의 일생 동안 발휘되었으며 오늘날에 보면 상을 받을만하다. 그의 목표는 인습적인 것이다. 이를 테면 문제를 해결하고 성공하며 조국에 봉사하는 것이었다."[30] 하버가 불행히도 오도되고 있을지라도, 그는 자신이 과학과 조국을 위해 단순히 도덕적으로 중립적인 부하 직원으로 살았다고 주장하며 책임을 합리화한 사람이 아니었다. 오늘날 그러한 합리화는 과학자와 공학자가 그들의 책임을 좁게 구획화할 때마다 공통적으로 나타난다.

중립적인 의미에서 구획화(compartmentalizing)는 혼란스런 요소를

---

30 Daniel Charles, *Master Mind: The Rise and Fall of Fritsz Haber, the Nobel Laureate Who Launched the Age of Chemical Warfare* (New York: HarperCollins, 2005), xvii. 그리고 Sharon Bertsch McGrayne, *Prometheans in the Lab: Chemistry and the Making of the Modern World* (New York: McGraw-Hill, 2001), 58-78을 보라.

무시하는 영역에서의 노력에 초점을 맞추고 있다. 따라서 어려운 기술적 문제를 해결하기 위해 노력하게 되면, 구획화는 창의성을 증진시킨다. 그러나 협소한 목표를 추구하는 데 책임을 과도하고, 불합리하게 그리고 비도덕적으로 무시하는 것을 주장할 때, '구획화'는 경멸적인 의미를 가진다. 부도덕성은 균형 있는 판단을 흐리게 하는 정의적인 상태에 빠질 것이고, 연구 주체나 누군가의 연구로부터 영향을 받은 사람과 정의적인 거리를 유지할 것이며, 누군가의 연구나 기술적인 작업으로 인해 입은 해악에 대한 책임의 공유를 부정할 것이다. 물론 정확히 이러한 것들은 도덕적인 반대에 부딪힐 때 과학자들과 기술자의 책임에 대한 도덕적 판단에 달려 있다.

역할 책임의 범위와 적절한 균형은 서로 갈등한다. 일부 과학자와 공학자는 대학과 기업 내의 할당된 업무를 수행하는 것으로서 그들의 책임을 규정하여 공적 선을 간접적으로 제공하는 데 만족한다. 이와 반대로, 다른 사람들은 지식과 기술을 미리 예측할 수 있거나 있음직하게 사용하는 것을 대중에 대한 책임으로 이해한다. 반면에, 현대의 기업과 다른 조직 내에서의 역할이 분명하면 어느 누구도 책임감을 수용하지 않을 수 없다. 하나의 예를 들면, 페이시(A. Pacey)는 베트남 전쟁 중 네이팜 폭약의 개발 과정을 회상한다. 처음에 피해자들이 네이팜을 피부에서 씻어낼 수 있었기 때문에 그것은 충분한 효과를 발휘할 수 없었다. 화학자들은 그것을 스틱으로 만드는 방법을 개발하도록 요청받고 폴리스티렌을 추가하여 네이팜을 만들었다. "화학자들에게, 이것은 매우 협소한 기술적 문제였다. 그들은 네이팜이 '뼈까지 곧장 타게 하는 것'에 대해 숙고하지 않았다. …… 아무도 그들이 무엇을 하고 있는지 그 실상을 직접 눈으로 보지 못했다."[31]

결론적으로, 구획화의 가장 안전한 형태는 우리의 역할을 창의적 연구자로 규정하는 것이고, 기술적인 적용을 전적으로 다른 사람들의 책임으로 간주하는 것이다. 이러한 태도에는 모든 지식이 자유롭게 검토의 대상이 되어야 한다는 관점이 종종 뒤따른다. 금지된 지식이 있어서는 안 된다. 다음 장에서는 그것이 사실인지 아닌지 탐색해보자.

31 Arnold Pacey, *Meaning in Technology* (Cambridge, MA: MIT Press, 1999), 176-77. 페이시(Pacey)는 촘스키(N. Chomsky)의 *The Backroom Boys* (London: Fontana/Collins, 1973), 23에서 사례를 가져왔다.

7

금지된 지식

신은 아담과 이브가 선악과를 따먹지 못하게 했다. 그들이 신의 명령을 어기고 선악과를 따먹었을 때, 신은 에덴동산에서 추방하여 그들이 세상의 미와 선뿐만 아니라 공포를 경험하게 했다. 보수적인 종교 사상가들은 '신처럼 행동하는 것(playing God)' 에 대한 개념뿐만 아니라 금지된 지식에 대한 관념을 환기시켜 자신들이 반대하는 과학적 연구를 비판한다. 그러나 세속화된 시대에도 '금지된 지식' 이란 표현은 위험 및 발견, 제약 및 창조와 그 맥을 같이한다. 법률 및 규정과 기금 연구에 대한 결정에 의하든, 과학 공동체 내의 자기규제에 의하든 과학 연구를 감독할 때 이런 세속화된 의미는 신성하고 전지전능한 권위로부터 민주적이고 오류를 범할 수 있는 권위로 전환된다.[1]

개인, 사회, 인간으로서 우리가 알아야 할 것에는 도덕적 제한이 있을까? 만일 그렇다면, 과학적 창의성이 축소되어야 할 영역이 있을까? 의문의 여지없이, 간혹 특정 지식에 대한 습득, 접근, 적용을 금하는 정당한 근거가 있다. 지식을 단순히 소유하는 것이 적어도 잠시 동안일지

1 Deborah G. Johnson, "Forbidden Knowledge and Science as Professional Activity, *Monist* 79, no. 2 (1996): 197-217. 또한 Roger Shattuck, *Forbidden Knowledge* (San Diego: Harcourt Brace & Company, 1996)을 보라.

라도 개인과 사회 전체가 발견한 삶의 의미를 침해하기도 한다. 그럼에도 불구하고 나는 과학적 탐구가 인습적 신념과 의미의 원천을 침해한다는 이유로 금지되어서는 안 된다고 생각한다. 이와 동시에 어떠한 억제와 제한을 위한 정당화에 대해서도 분명히 아는 것이 중요하다. 본 장의 대부분은 이를 명료화하는 데 목적을 둔다.

지식을 금지하는 이유

합리성의 여부와 상관없이 지식과 탐구는 네 가지 유형의 근거, 즉 습득(acquisition), 접근(access), 적용(application), 단순한 소유(possession)에 따라 도덕적으로 금지될 수도 있다. 우선, 지식의 습득은 지식이 사생활에 관한 권리, 정보에 근거한 동의, 안전과 같은 도덕적 규범을 침해하는 절차를 통해 습득될 때는 부도덕한 것이 된다. 예를 들면, 제6장에서 논의된 엄청난 사례들로는 나치의 유대인 실험, 터스키기 연구소의 매독 실험, 그리고 미국 정부의 방사능 연구를 들 수 있다. 제2차 세계대전 이후 뉘른베르크 강령이 작성된 이래로, 모든 연구 절차에 적용되는 도덕적 원칙, 특히 실험 대상이 되는 주체의 동의를 얻어야 하는 의무와 관련해서 폭넓은 합의가 형성되었다. 확신컨대, 지식 습득과 관련해서는 아직 논쟁의 여지가 많다. 예를 들면, 어떤 윤리학자들은 죄수들이 살아 있는 동안에 강제적인 조건하에서 행해지는 모든 실험을 비난한 반면에 다른 윤리학자들은 죄수들의 권리를 침해하는 모든 것을 절대적으로 금지했다.

지식의 접근은 정보의 확산과도 관련이 있으며, 때때로 개인 또는 집단이 지식을 오용할 수 있기 때문에 접근이 금지되어야 한다. 어떤 특정 지식은 가장 중요한 대중의 비밀, 예를 들면 진료 기록이나 주민등록번호, 또는 국제적인 비밀 정보를 담고 있다. 다시 말하면, 인터넷이 그런 제한을 무색케 할지라도 화학 무기나 생물학 무기를 제조하는 방법에 대한 정보를 테러리스트와 공유해서는 안 된다.

지식의 적용은 과학적 이해와 공학적 이해를 기술적으로 사용하는 것과 관련이 있다. 여기서 금지된 지식은 테러리스트가 휴대용 가방 속에 넣을 수 있는 소형 핵폭탄처럼 매우 위험한 기술을 개발하는 방법을 포함한다. 탐구가 위험한 지식으로 이어질 가능성이 보일 때, 그리고 그 위험에 합리적으로 대응할 수 없을 때 연구를 제한할만한 합리적인 근거가 존재한다. 그리고 어떤 위험이 받아들일 수 있는 것인지에 대해서 불일치가 존재할 때, 우리는 위원회의 지도에 따라 기술을 평가해야 한다. 위험에 대한 사실이 분명하더라도, 가치의 차이는 의견을 양극화할 수 있다. 특히 배아 연구가 불임 치료의 허가를 얻었다고 해서 인간 배아를 파괴하는 것은 수용할 수 있는 연구 기법일까? 즉, 그것은 결국 인간을 죽이는 것일까? 규제위원회는 합리적인 타협안을 제출함으로써 사실과 가치를 평가하고 통합할 필요가 있다.

우리들 대부분은 지식을 습득하고, 전파하며, 적용하는 방법에 대해 도덕적인 제한을 가하는 것에 동의한다. 그러나 지식을 단순히 소유하는 것에 대해서는 어떻게 생각할까? 이 질문의 핵심은 과학적 창의성이 어떤 고정된 제한을 가지고 있는지에 대한 것이다. 계몽주의 시대에 모습을 드러낸 과학적 에토스는 모든 지식의 가치를 평가한다. 세이건(C. Sagan)에 의하면, 에토스는 "너무 민감하고 예민해서 증명할 수 없을지라도 과학에는 금지된 질문이 존재하지 않는다"[2]고 주장한다. 자연 현

---

2 Carl Sagan, *The Demon-Haunted World: Science as a Candle in the Dark* (New York: Ballantine Books, 1996).

상의 작용에 관한 가장 포괄적인 설명 원리로부터 세부 사항에 이르기까지 모든 진리, 지식, 창의적 발견은 가치 있다. 정당화할 수 있는 금지된 지식은 정보가 추구되고, 전파되고, 적용되는 방법과 관련이 있을 뿐이다. 그래서 금지는 우리가 아직 다룰 수 없는 큰 위험에 처할 때 한정되어야 한다.

과학적 에토스는 존속하기 힘들고 어렵다. 과학과 우세한 종교의 오랜 충돌의 역사가 그것을 입증한다. 코페르니쿠스의 태양 중심설은 가톨릭 교리에 심각한 위협이 되었다. 다윈의 진화론은 빅토리아 여왕 시대 사람들과 오늘날 수많은 근본주의자들의 신앙심에 큰 도전이 되었다. 그리고 피임약과 함께 프로이트와 킨제이(Kinsey)는 청교도적 성(sexuality) 관점을 뒤엎었다. 이것이 많은 논쟁을 낳았음에도 불구하고 과학적 에토스는 수많은 선(good)을 가져다 주었고 어떤 관점에서 그것은 우리의 강한 충성을 받을만한 것이다.

어떤 버전일까? 세이건의 입장에 반해, 모든 지식이 본질적으로 가치가 있는 것은 아니다. 예를 들면, 자신의 잔디밭에 얼마나 많은 풀잎들이 있는지 아는 것(연구 목적을 제외하고)과 같이 그것의 대부분은 매우 하찮은 것이다. 더구나 과학적 발전은 동일한 지식이나 기술이 좋은 용도로 사용될 수 있고 나쁜 용도로 사용될 수 있다는 점에서 야누스의 얼굴을 지니고 있다. 그래서 핵반응의 지식은 전기를 생산하거나 폭탄을 만드는 데 이용될 수 있다. 그리고 하버(Haber)의 질소 응고 과정은 비료를 생산하거나 화학 전투를 수행하는 데 이용될 수 있다. 이것은 지식이 실제적 유용성을 가지고 있는 한에서만 가치가 있다는 것을 의미하지 않는다. 과학적 에토스를 지지하는 것은 그 에토스의 적용 과정에서 양날(double-edged)의 특성을 지닐 때조차도 의미 있는 진리라고 평가하는 것이다. 이와 같이 과학적 에토스는 지적 덕, 특히 진리에 대한 사랑과 창의적인 발견에 대한 헌신을 찬양한다. 흥미로운 의문점은 지식을 단순히 소유하는 것이 도덕적, 종교적, 또는 정치적 가치에 위협이 되기 때문에 금지되어야 하는지의 여부이다. 과학적 에토스는 아니라고 말하지만, 그런 에토스는 어떤 예리한 과학 철학자인 레셔와 키처에 의해 도전받고 있다.

레셔: 과학적 에토스를 바꿔라?

레셔의 주장부터 살펴보자. 다소 혼란스럽기는 하지만 통찰력 있는 논문인 "금지된 지식: 과학 연구의 도덕적 제한"에서, 레셔는 지식을 단순히 소유하는 것마저 금지되어야 하는지에 대해 묻는다. 언뜻 보기에, 그는 금지해서는 안 된다고 답하는 것 같다. 모든 지식이 본래적으로 가치가 있다고 말하지 않고, 그는 그 자체로 비도덕적인 지식은 없다고 주장한다. 비도덕적인 지식을 말하는 것이 "그 자체(*per se*)가 도덕적으로 부적합하다"[3]고 주장한다. 더구나 진리가 어디로 이끌든지 그 진리를 추구하고 미신, 심한 편견, 그리고 지적 태만과 같은 힘에 대항하여 그런 진리를 추구하는 강한 가정(presumption)이 존재한다. 과학적 연구는 지식의 습득, 접근, 적용의 영역에서 "분명하고 당면한 위험들이" 있을 때만 제한되어야 한다.[4]

이러한 관점은 옳은 것처럼 보인다. 그러나 그의 논문은 당혹스럽다. 왜냐하면, 사례를 토의하는 과정에서 그는 자신의 테제에 반하는 방향으로 나아가는 것 같다. 그 토의에서 그는 지식이 개인적 의미를 심각하

---

3 Nicholas Rescher, *Forbidden Knowledge and Other Essays on the Philosophy of Cognition* (Dordrecht: D. Reidel Publishing, 1987), 9.

4 Rescher, *Forbidden Knowledge*, 15-16.

게 훼손하고, 삶의 가치 있는 방식을 침해할 때도 지식의 단순한 소유를 반대하는 것 같다. 세 개의 예화를 살펴보자. 첫째, 그는 윤리적 집단의 지능과 능력에 대한 연구가 동등한 존중과 기회균등의 민주적인 가치를 위협할 때 비도덕적이라고 말한다.[5] 그는 이 경우가 지식의 분배 즉, 이 정보 접근 허용의 나쁜 결과와 관련이 있다고 주장한다. 그러나 그 사례는 단순히 지식을 소유하는 것이 자기존중감을 저하시키고 평등을 위협함으로써 본래적으로 해를 끼치기 때문에 금지되어야 하는 명백한 실례로 제시되고 있다.

둘째, 과학적 탐구의 축적된 결과가 운명론, 즉 자유로운 선택이 불가능한 방식으로 우리가 전적으로 결정되어 있다는 관점을 가정해보자. 이러한 지식은 "도덕적 행위자로서 기능할 우리의 능력을 파괴할 것이다."[6] 레셔에 따르면, 이런 상황이 존재한다. 여기서는 얼마나 많은 증거가 지식을 지지하느냐와 상관없이, 지식은 우리가 그것을 믿어서는 안 되는 그런 나쁜 결과(적용)를 초래할 것이다. 그러나 결과적으로 그의 관점은 단순히 이런 지식을 소유하는 것이 본질적으로 도덕성을 해친다는 것이다. 그래서 그런 지식은 본래적으로 도덕적 근거에 따라 반대할만하다는 것이다.

셋째, 일반적 지식보다 개인적 진리들에 대해 살펴보면, 우리는 가끔 무서운 진리, 즉 우리의 기능적 능력의 토대를 침식하고 우리를 동요시키는 진리들을 취급할 수 없다.[7] 개인적인 것과 관련하여, '한 인간의 존재 양식'의 토대를 침식하는 정보에는 우리가 죽을 특정한 날, 우리의 결혼생활 기간, 그리고 정확히 친구들과 가족이 우리에 대해 무엇을

---

5 Rescher, *Forbidden Knowledge*, 5.

6 Rescher, *Forbidden Knowledge*, 10.

7 Rescher, *Forbidden Knowledge*, 5.

생각하는지, 소행성이 언제 지구를 멸망시키는지, 그리고 우리가 행복을 느끼는 순간들을 망치는 수많은 사실들이 포함될 것이다. 간단히 말하면, "추상적으로 그것의 소유에 잘못이 있기 때문이 아니라, 그것이 우리 인간이 잘 대처하기에 적합하지 않은 종류의 것이기 때문에 솔직히 어떤 정보는 우리에게 안전하지 않다."[8]

레셔는 이런 예들을 지식의 보급(접근)과 지식의 남용(적용)과 관련된 것으로 해석한다. 그러나 이 예들은 단순한 지식의 소유가 도덕적 근거에 따라 도덕적으로 반대할만한 실례로 한정하는 것 같다. 지식이 본래적으로 불안정하여 그것을 배울 때 우리는 심리적, 도덕적으로 당황한다. 그래서 지식을 단순히 소유하는 것은 적어도 그런 관점에서 개인들로서 우리에게 바람직하지 않을 것이다. 그러나 죽음과 관련된 소행성, 결혼 기간, 또는 개인과 집단을 괴롭히는 결과를 낳는 여타의 수많은 주제들에 대한 지식을 추구할 때 과학의 금지가 존재해야 한다는 것이 레셔가 주장하는 것과는 달리 당연하다는 것은 아니다.

확신컨대, 레셔는 해석하기 힘들다. 한 가지 이유는, 특히 세 번째 예들(과학자들의 탐구보다 오히려 개인들의 신념에 관한)에 대해 토의할 때 그는 지식의 소유가 비도덕적이라기보다는 무분별하다고 주장하는 것처럼 보인다. 그는 도덕성을 단지 다른 사람들에 대한 책임으로 구성된 것으로 좁게 이해하고 있다. 이와 반대로 나는 도덕성이란 이성적인 능력과 기능하는 능력의 유지를 위한, 우리 자신에 대한 의무를 포함한다는 칸트의 말에 동의한다. 도덕성에 대한 이러한 칸트의 개념을 사용하면, 우리의 대처 능력을 영구히 파괴하고 인간의 존재 양식의 토대를 침식하는 지식을 소유하는 것은 도덕적으로 문제가 있다. 게다가 지식

---

8 Rescher, *Forbidden Knowledge*, 9.

이 우리의 기능적 능력을 약화시킬 때 그 지식은 다른 사람들에 대한 책임을 다할 우리의 능력을 약화시키고, 그래서 도덕적 문제가 된다.

또 하나의 이유는, 레셔는 단순히 지식을 소유하는 것이 결코 바람직하지 않다고 말할 때(그가 자신의 예들에 대해 말한 것과는 반대로), 그는 지식보다 진리를 생각하는 것 같다. 진리는 세계에 대한 진술의 특징을 지닌다. 반면에 지식은 정신적 상태, 즉 사람들이 믿는 진리다. 레셔의 주요 요점은 추상적으로 진리란 결코 바람직하지 않다고 주장하는 것처럼 보인다. 그러나 적합한 이슈는 지식을 소유하는 것이 본래적으로 나쁜 것인지의 여부이다. 우리가 지금까지 살펴보았듯이, 그가 자신의 예들에 대해 말하는 것은 지식의 단순한 소유가 본래적으로 나쁜 것이라고 주장하는 것 같고 이는 그의 테제와 반대되는 것이다. 어떠한 경우에도, 우리는 지식을 단순히 소유하는 것과 지식의 분배 및 적용을 명쾌히 구분할 수 없다. 만일 의사로부터 우리가 한 달밖에 살지 못한다는 말을 듣고서 죽을 정도의 우울함에 빠져든다면, 우리는 단순히 지식을 소유하고 있기 때문에 혹은 어떻게든 지식을 삶에 적용하기 때문에 해로운 것일까?

이제 지식의 소유와 지식의 적용을 구별하는 이슈에서 벗어나보자. 이제 분명한 것은 핵심 이슈란 의미파괴적(meaning-subversive) 지식을 소유하는 것(더 심오한 진리 추구 과정에서 지식의 남용과는 다른 것으로서)과 관련 있다. 의미파괴는 지식이 가치의 토대를 침식하고 삶에 의미를 부여하는 실천을 약화시킬 때 발생된다. 레셔의 세 번째 예들로 인해 우리는 개인들이 어떠한 것을 아는 것보다 모르는 것이 더 나을 수 있다는 것을 알 수 있다. 그러나 우리는 빅토리아 여왕 시대에 끼친 진화론의 영향처럼, 개인들의 거대한 집단이나 사회 전반에 끼친 창의적 과학의 영향에 더 관심이 있다. 만약 그렇다면, 과학이 의미파괴적인 진리를 밝혀낼 징후를 보여주기 때문에 과학은 금지되어야 할까?

과학적 에토스는 절대 아니라고 말한다. 나 역시 그렇다. 나는 과학이 운명론을 확립할 것이라고는 생각하지 않는다. 그리고 나는 인간 지능의 차이에 대한 어떤 발견이 위협이 되기보다는 흥미로운 것으로 밝혀질 것으로 생각한다. 그럼에도 불구하고, 과학자들은 이러한 이슈를 추구하는 것을 금지당해서는 안 된다. 그리고 지적 정직성은 과학의 발견에 대해 열려 있어야 한다. 레셔는 명백히 동의하지 않는다. 왜냐하면, 운명론과 인종의 지능에 대해 그가 말하는 것은 어떤 지식이 수많은 개인들의 삶에 의미를 부여하는 광범위한 가치를 파괴하기 때문에 금지되어야 한다는 것을 함축하기 때문이다. 그래서 과학적 탐구와 과학적 창의성을 찬양할 때, 레셔는 과학적 에토스를 처음 드러난 것보다 좀 더 극적으로 수정한다. 그의 관점에서, 어떤 지식은 소유하기에는 본래적으로 바람직하지 않고 무수히 많은 도덕적 특성을 지니며 종교적이다. 그리고 다른 가치들은 지식의 창의적 추구에 제한을 가하는 데 사용될 필요가 있다. 그의 관점에 보다 충실히 응답하기 전에, 키처가 언급한 유사한 관점을 살펴보자. 키처는 금지된 지식의 이슈를 민주적 맥락 속에서 파악한다.

키처: 창의성에 대한 민주적 제한

『과학, 진리, 그리고 민주주의』에서 키처는 과학적 에토스를 기본적으로 보다 일관되고 직접적으로 수정한다. 그는 모든 사실과 지식이 본래적으로 가치 있다는 관념을 거부한다. 의미 있는 진리만이 가치 있다. 여기서 의미 있는 것은 실제적 유용성이거나 인식론적 유용성이다.[9] 실제적 유용성에는 기술과 일상생활의 지식 적용이 포함된다. 인식론적(이론적) 유용성은 세계를 이해하는 지식의 가치이며 통합적 시각을 형성하기 위해 여타의 지식을 결합하는 지식의 가치이며, 새로운 탐구를 발전시키는 지식의 가치다. 인식론적 가치는 (어떤) 지식이 실제 적용과 상관없이 본래적 가치를 가진다는 것을 의미한다.

인식론적 가치의 원천은 우리의 자연적 호기심이며, 우리는 이러한 호기심이 있기 때문에 물음을 제기하고 환경이 "정말로 경이롭다"[10]는 것을 알게 된다. 그러나 키처는 자연적 호기심 이외에 도덕성, 정치 그리고 종교의 가치를 포함하여 여러 중요한 가치가 있다는 것을 강조한다. 이러한 가치들은 사회적 안정성, 개인적 의미, 기술 발달의 방향을 제공한다. 일반적으로, 인식론적 가치는 실제적 관심과 동떨어진 것이 아니라 다소간 관련이 있다. 키처는 "탐구를 도덕적, 정치적 비판으로부터 분리하는 어떤 과학 신학"[11]도 단호히 거부한다.

여기까지는 좋다. 우리는 도덕적 가치와 다른 가치들이 과학적 연구의 방향과 절차를 구성하는 데에 중요한 역할을 수행한다는 데 동의한다. 확실히 사회는 주어진 재정을 어느 곳에 투자할지 결정할 수 있는 도덕적인 권리를 가지고 있다. 그러나 그 권리를 바람직하게 행사할 수도 있고 그렇지 않을 수도 있다. 지식의 소유와 추구가 사회의 지배적인 도덕적, 정치적, 종교적 가치에 의해 정당하게 금지될 수 있다는 키처의 생각은 분명해졌다. 현대의 과학적 연구는 많은 비용이 든다. 그리고 이러한 재정은 전적으로 정부나 기업들에 의해 충당되고 있다. 민주주의가 발달함에 따라 사회구성원들은 공적 재원이 낭비 없이 사회적 중요

---

9 Philip Kitcher, *Science, Truth, and Democracy* (Now York: Oxford University Press, 2001), 65.

10 Kitcher, *Science, Truth, and Democracy*, 81.

11 Kitcher, *Science, Truth, and Democracy*, 182, 199-200.

도에 따라 사용되도록 구체적인 절차를 마련해 주었다. 사회적 중요도는 사회의 지배적 가치에 비추어 실제적인 관점에서, 민주적 가치 그 자체의 관점에서 부분적으로 평가된다. 그런 가치는 합당하게 그 추구를 금지할 수 있고 그래서 특히 반대할 수 있는 지식의 소유를 금지할 수 있다.

어떤 지식은 특정 민주주의 사회 내에서 넓게 확인된 의미를 부여하는 가치를 위협할 것이다. 이 가치에는 민주적 가치가 포함된다. 아래에 어떤 가정들이 참이라고 판명된다면 발생할 수 있는 사회적 불안정을 상상해보라(레셔의 사례에 반응한 처음의 두 가지)! (1) 자유로운 선택은 착각이고, 모든 선택은 우리의 통제를 넘어선 심리적 요인에 의해 결정된다. (2) 유전적 차이는 과거에 사회적으로 차별받았던 소수 집단 구성원의 능력을 제한한다. 그리고 그러한 차이를 해소할 방법은 없다. (3) 사랑과 이타주의는 전적으로 환상이며, 전적으로 무의식적인 이기적인 속임수의 전략에 바탕을 두고 있는 것이다. (4) 견고한 인간관계는 자연 속에서 차지하는 인간들의 위치에 대한 공유된 환상에 의존하며, 여기에는 종교적인 신앙에 대한 신화가 포함된다.[12]

키처는 두 번째 예시, 즉 인종과 관련된 유전적 차이에 특히 주목했다.[13] 불리한 처지에 있는 차별받은 집단의 IQ 및 유전적으로 고정된 잠재력에 대한 세부 연구는 소수 인종에 해를 입히는 전통적인 고정관념을 강화시킬 수 있고 또한 이러한 연구는 종종 인종차별적, 성차별적인 목적을 달성하기 위해 사용될 수 있는 애매한 증거를 제공하기도 한다. 이와 같이 그 연구들은 모든 사람을 동등하게 평가하는 민주주의 이상

---

12 Kitcher, *Science, Truth, and Democracy*, 151-52.

13 Kitcher, *Science, Truth, and Democracy*, 96-100.

을 훼손시키며, 불리한 집단 구성원들의 자아존중과 자부심의 토대를 침해한다.

키처는 또한 과학에 대한 민주적 통제가 어리석은 통치를 의미한다고 보지 않았다. 어리석은 통치는 다수자의 투표로 특정 탐구활동의 운명을 결정하는 것이다.[14] 이상적으로 유능한 참여자는 서로를 교육하고 경쟁적인 선호를 존중하며, '도제적 선호(tutored preference)'를 추구하고 합리적인 타협을 시도한다. 그러나 실제 우리는 결함이 있는 제도 속에서 살아야 하고, 거시적 수준의 국가기금 할당과정에서의 절차적 실수와 회사와 대학의 의사결정과 같은 미시적 수준의 기금 할당과정에서의 절차적 실수를 경험하며 살아야 한다. 어떠한 경우든지 과학자들은 그들 연구의 장단점에 대해 시민들이 알 수 있도록 그들을 교육해야 할 책임이 있다.

키처와 레셔의 주장을 종합하여 고려해 보면 설득력이 있지만 확신하기는 어렵다. 두 주장 모두 인습적인 도덕이나 종교 그리고 정치적 가치를 너무 수용한 나머지 과학적 창의성을 고려하지 않고 있다. 그러나 이상적인 차원에서 볼 때, 도덕과 종교 그리고 정치적 가치는 자유로운 과학적 탐구의 관점에서 재고되어야 한다.

과학적 에토스의 재확언

과학은 언제나 정치와 관련되었고, 오늘날에는 더욱더 부대조건을 수용해야 하는 기금에 의존하고 있다(지식이 유용하다는 것은 곧 돈이 된다는 것). 그러나 최근 과학의 정치화 정도가 걱정스러울 정도다. 가끔

14 Kitcher, *Science, Truth, and Democracy*, 117-135.

정치적 편견은 자유주의자들로부터 비롯된다. 예를 들면 그들은 평등주의적 이상을 위협할 수 있다고 걱정하여 IQ에 대한 유전적 연구를 반대한다. 또한 그 정치적 편견은 두 가지 측면에서 보수주의자들로부터 온다.[15] 첫 번째 측면은 바로 문화 전쟁이다. 그래서 보수주의자들은 격렬하게 인간 배아와 줄기세포 연구를 반대해 왔고 그들은 실행 가능한 대안적 설명으로서 지능설계도를 지지함으로써 진화에 대한 가르침을 뒤엎으려고 시도해왔다. 그리고 두 번째 측면은 과학을 사업적 목적에 치중하여 이용한다는 것이다. 특히 지구 온난화를 경시하고 담배 산업을 지원하는 것 등이 그것이다.

키처에 따르면, 과학의 역사는 억압적인 가치 관점을 타도하는 데 '체제 전복적인 성격을 지닌 진리가 나름의 가치를 가진다는 것' 을 보여준다.[16] 과학이 진보함에 따라 변화가 이루어졌고 이로 인해 어느 개인이나 집단이 고통을 겪었을지라도 장기간에 걸쳐 우리 사회는 번영했다. 그럼에도 불구하고 키처는 그가 예시로 든 4가지의 의미를 위협할 때 과학 연구를 중단시킬 타당한 이유가 있다고 생각한다. 만약 그가 안전을 기하기 위해 일시적인 연구중단을 의도했다면 나는 그의 의견에 동의한다. 하지만 레셔와 마찬가지로, 그는 그 이상을 의도하는 것 같다. 그런 경우라면 나는 그에게 동의하지 않는다.

전복적인 의미를 함축하는 것이 위협이 된다는 근거에 입각해서 과학을 제한하는 것은 그 자체가 전복적인 의미를 가진다. 그것은 가장 심오하고 가장 항구적인 의미의 모든 원천, 즉 참다움(truthfulness)과 (중요한) 진리를 침해한다. 이러한 가치들은 먼저 민주적 절차, 즉 지식

---

15 Chris Mooney, *The Republican War on Science* (New York: Basic Books, 2005).

16 Mooney, *The Republican War on Science*, 149.

의 자유로운 추구를 촉진하는 데 목적을 두는(부분적으로) 절차의 합리적 근거를 제공해준다. 비록 모든 진리가 본래적으로 가치 있는 것이 아닐지라도(어떤 것은 하찮을 수 있다), 참다움은 본래적으로 가치가 있을 수 있다. 지적 정직성, 지적 용기와 호기심 그리고 도덕적 창의성이 그렇다. 우리는 이러한 가치들과 양립할 수 있는 도덕적, 종교적, 그리고 정치적 관점을 추구해야 한다. 의미와 관련하여 인습적인 도덕적, 종교적 원천을 최고로 여기기보다는 지적 덕(여기서는 도덕적 덕)을 기르는 데 힘써야 할 것이다.

물론 다른 덕들 또한 중요하다. 사랑, 우정, 동정심, 인간 존중, 그리고 정의는 지적 덕만큼이나 중요하다. 나 역시 기금에 의존한 연구를 우선하는 것이 키처가 제시한 합리적, 민주적 절차에 따라 이루어져야 한다는 데 동의한다. 그러나 그러한 절차는 가능한 모든 관점에서 과학의 정치화에 저항하고 지적 덕을 최고로 지켜야 한다. 민주주의는 참다움의 이상을 경시할 권리가 있지만, 그렇게 하는 것은 잘못된 것이다. 과학의 자유로운 추구를 금지하는 것은 최소화되어야 하며 일시적이어야 한다. 그리고 습득하고 적용하며 접근할 때 명약관화한 위험에 기초하여 금지해야 한다. 의미전복(meaning subversion)의 위협이 창의적 연구를 막는 정당화 이유가 될 수 없다. 레셔와 키처가 의미전복을 이유로 창의적인 연구에 대한 억압의 필요성을 제시한 그 어떠한 예에 대해서도 나는 납득할 수 없다. 목표는 가장 과학적인 방법을 사용하여 진리를 추구해야 하며, 그런 후 우리의 도덕적, 정치적, 종교적 관점을 조정하여야 한다는 것이다.

잠재적으로 의미전복적인 성격을 띤 탐구를 금지하는 것은 단지 반발만 낳을 수 있다. 예를 들면, 사회적 불평등과 관련이 있는 유전적 차이에 대한 연구를 금지하는 것은 불쾌한 진실을 은폐하기 위해 공식적으로 금지한다는 모습을 보여줌으로써 고정관념을 조장하는 경향이 있다. 이러한 이유 때문에 키처와 레셔는 습득, 접근, 그리고 적용이라는 근거 위에서 연구가 수행되어야 하며 불법적으로 이루어져서는 안 된다는 데 동의한다. 그들은 과학적 연구에 대한 금지가 합법적 금지를 넘어서 다양한 형태로 진행된다는 것을 알고 있다. 예를 들면, 연구 투자에 대한 거부, 동료로부터의 압력과 과학 집단 내의 규제, 과학계 외부로부터의 사회적 압력, 과학자들의 양심적 선택이 바로 그것이다. 지극히 위험할 정도로 지식을 오용할 가능성이 있는 상황에서 철저한 합법적 금지가 이루어질 필요가 있다. 이것은 키처가 인정한, 다소 '우울한' 결론을 남긴다. 그 결론이란 어떤 방향의 과학적 연구가 비도덕적이면 투자해서는 안 되며 강력하게 막아야 하지만, 공식적으로 금지해야 할 경우는 최소한의 금지에 그쳐야 한다는 것이다.[17]

교구(parochial)가 과학을 방해하는 압력을 허용하는 것에 대해 우리가 반대 명분을 강화할 실용적 고려사항이 존재한다. 경쟁적인 세계 경제 속에서 연구를 축소하는 국가는 낙오하게 될 것이다.[18] 더욱이 정치가 창의적인 탐구를 방해한다면, 우리는 결코 범죄와 교육 불평등 같은 수많은 실제적 문제를 해결할 필요가 있는 포괄적인 이해를 획득하지 못할 것이다. 이 실용적 고려사항에는 도덕적인 이유가 포함된다. 그리고 우리는 과학의 개념을 도덕적 책임의 반대자가 아닌 협력자로 인식할 필요가 있다.

키처는 객관적으로 옹호할 수 있는 가치에 근거하여 그런 도덕적 책임의 개념을 제시하지 못한다. 그가 진리의 객관성을 통찰력 있게 옹호

17 Kitcher, *Science, Truth, and Democracy*, 105-107.

18 Peter Singer, "Ethics and the Limits of Scientific Freedom," *Monist* 79, no. 2 (1996): 227-28 참조.

할지라도, 그는 객관적인 도덕적 가치의 가능성을 일축하고 있다.[19] 하지만 가치가 그들의 합리적 이유에 따라 옹호될 수 없다면, 키처 자신의 민주적 가치에 대한 신념은 경시된다. 그렇게 되면, 모든 합리적인 사람이 확언해야 하는 '가치의 표준적인 위계'란 존재하지 않는다. 그럼에도 불구하고, 객관적으로 보증되는 다중 가치가 존재한다. 그리고 합리적인 사람은 다중 가치에 대해 대안적인 해석을 내릴 수 있다. 이것은 키처가 옹호하는 종류의 주관주의가 아니라 도덕적 다원주의다.

요컨대, 과학적 에토스는 과학기술을 통해, 그리고 우리가 세계를 이해하고자 할 때 큰 도움을 주었다. 그것은 정의와 동정심을 포함하여 다른 중요한 이상들과 균형을 이룰 필요가 있다. 그럼에도 불구하고, 우리는 지식의 추구가 단순히 의미의 인습적 원천을 위협하기 때문에 그것을 금지해서는 안 된다. 모든 사람이 강한 과학적 에토스를 승인할 가능성은 없다. 하지만 그것이 과학적 에토스를 우리가 민주주의 사회의 경쟁적인 관점들 중에서 단순한 하나의 관점으로 간주해야 한다는 것을 의미하지 않는다. 진리에 대한 헌신은 더 깊이 있게 하고, 민주주의를 정당화하고 유지하는 데 기여한다. 과학적 에토스에 대한 이러한 믿음을 유지하기 위해서는 창의적 리더십과 가르침이 필요하다. 다음의 제8장과 제9장에서 이런 문제들에 대해 살펴보자.

---

19 Kitcher, *Science, Truth, and Democracy*, 162–65.

8

리더십

창의적인 도덕적 리더십이란 새롭고 도덕적으로 가치 있는 방식으로 이끄는 것을 의미한다. 이를 보다 구체적으로 말하면, 리더십이란 도덕적 창의성을 발휘하여 이끄는 것을 의미한다. 즉, 한 집단 내에서 도덕적으로 바람직한 유형의 창의성을 촉진시키는 것을 의미한다. 그 두 가지의 의미는 중첩되고, 둘 다 과학에서의 리더십과 관련이 있다. 이 장에서 나는 리더십의 의미를 명료하게 밝힌 다음, 창의적인 도덕적 리더십을 여러 맥락, 이를 테면 정부사업, 대학 실험실, 그리고 기업과 관련지어 논의하겠다. 이러한 논의를 통해 나는 도덕적으로 창의적인 리더십으로 간주되는 것이 우리의 가치판단에 달려 있다는 것을 강조하고 싶다. 시종일관, 특히 결론에서 나는 창의적인 리더십에서의 인격과 제도적 관행의 상호관련성에 대해 살펴볼 것이다.

리더십에 관한 정의

크게 뜻을 확장해보면, 리더십은 타인에게 힘을 불어넣어 주거나 지도해주는, 일련의 모든 창의적인 활동들을 말한다. 이러한 넓은 의미에서 볼 때, 다윈과 아인슈타인은 과학 영역뿐만이 아니라 더 넓은 문화 영역에서도 간접적인 리더십을 명확히 보여주고 있다.[1] 그러나 여기에서 우리는 직접적인 리더십, 즉 개인 간의 상호작용에 영향을 주는 리더십에 관심이 있다. 예를 들면, 조직적인 권위의 위치를 유지하는 것, 집단을 설득하여 어떤 활동 계획을 채택하도록 하는 것, 또는 공유된 목표를 달성하기 위한 협력을 촉진하는 것 등이 직접적 리더십에 속한다.

리더십에 관한 개념 정의는 규범적이거나(가치함축적이고 규정적), 기술적이다(가치 중립적). 규범적인 정의에 따르면, 리더는 집단에게 바람직한 방식으로 영향을 미치는 사람이고, 가치 있는 목표를 향해 효과적이고 윤리적으로 안내하는 사람이다. 이러한 관점에서 보면, 리더십은 덕이다. 그리고 누군가를 "진실한 리더"라고 부른다면, 그(그녀)는 타인에게 긍정적인 영향을 끼쳐 칭찬을 받고 있다고 할 수 있다. 규범적인 정의들은 그 목표가 규정하고 고취할 때는 언제라도 증가한다. 그것들은 학술 논문에서 자주 등장한다.[2] 예를 들어, 번즈(J. M. Burns)는, "리더와 그 추종자들이 동기화와 도덕성의 높은 수준으로 서로를 끌어올릴 때"[3] 생기는 것으로, 변형(transfrorming) 리더십에 대한 영향력 있는 정의를 진술한다. 따라서 변형 리더십은 도덕적이고 창의적이며, 비강압적이다. 이러한 관점에서, 히틀러는 리더가 아니었지만, 그 대신 그는 "끔찍한 나쁜 리더였다. 개인적으로는 잔인하고 보복적이며, 정치적으로는 이중적이고 기만적이며, 그의 목적들을 살펴보면 이데올로기적으로는 포악하고 살인적이었다."[4]

---

1 Howard Gardner, *Leading Minds* (New York: Basic Books, 1995), 6.

2 Joseph C. Rost, *Leadership for the Twenty-First Century* (Westport, CT: Praeger, 1991), 140.

3 James MacGregor Burns, *Leadership* (New York: Harper and Row, 1978), 20.

4 James MacGregor Burns, *Ethics, the Heart of Leadership*, 2nd ed., ed. Joanne B. Ciulla (Westport, CT: Praeger, 2004)의 머리말, xii.

이와 대조적으로, 기술적인 개념 정의들은 리더들을 지도해야 하는 특정 가치들을 짜 맞추지 않는다. 하나의 기술적인 정의에 따르면, 리더들은 리더십의 직위를 차지하고 영향력을 미치는 특별한 기회를 제공하는 공식적인 조직의 역할을 맡는다. 대안적으로, 리더들은 변화의 결과가 좋든 나쁘든 집단 내에서 변화를 일으키는 사람이다. 이러한 정의들은 매우 다양하다. 왜냐하면, 리더십의 직위를 차지하고 있는 개인들은 비효율적일 수도 있고, 영향력을 발휘하지 못할 수도 있기 때문이다. 그 반대로, 영향력을 미치는 많은 사람들이 다른 사람들에게 군림하는 권위의 위치를 차지하지 못할 수도 있기 때문이다.

비록 내가 도덕적인 리더십에 관심을 가지고 있을지라도 나는 먼저 기술적인 정의를 명확히 한 다음, 도덕적인 가치를 독립해서 언급할 것이다. 그 목적을 달성하기 위하여, 나는 최종적인 정의의 버전을 채택하고자 한다. 리더십은 한 집단 내의 몇몇 구성원들(리더들)이 집단의 방향을 정립하는 목적들을 분명히 하거나 전형적인 예를 제시함으로써 다른 구성원들(따르는 자들)에게 영향력을 발휘하는 관계(relationship)다. 이러한 정의는 리더십이 특정 상황에서 좋은지 나쁜지, 또 권위와 강제가 특정 상황에서 적절한지 아닌지 등에 대해 판단을 내리지 않는다. 그 밖에도 리더들이 권위의 위치를 차지하지 않을 수도 있다는 것을 허용한다. 따라서 리더십은 교장보다는 교사로부터 나올 수 있고, 정치인보다는 시민들로부터 나올 수 있으며, 사무원보다는 군인들로부터 나올 수 있고, 경영자보다 노동자로부터 나올 수 있다.

만약 리더들이 영향을 미친다면 창의적인 도덕적 리더들은 도덕적으로 바람직한 방식으로 영향을 미친다. 창의적인 도덕적 리더십은 가치의 몇 가지 단계, 즉 역량과 효율성, 윤리적인 절차, 그리고 도덕적으로 가치 있는 결과 등을 포함한다. 게다가 어느 한 사람의 지도를 기꺼이 따르는 사람들을 발견하는 행운을 포함하여, 행운은 어느 정도 역할을 수행한다고 볼 수 있다. 클린턴 대통령이 연방정부의 재정 적자를 감소시키기 위해 노력한 것은 창의적인 도덕적 리더십의 한 예로 들 수 있다. 또한 그가 미국 의료서비스 개혁에 실패한 것은 약한 리더십의 한 예라고 볼 수 있다. 물론 많은 리더십은 도덕적으로 혼합되거나 애매하고, 어떠한 방식에서는 바람직할 수도 있지만, 다른 방식에서는 바람직하지 않을 수도 있다.

도덕적 리더십의 맥락

우리가 창의적인 도덕적 리더십으로 간주하는 것은 수단과 목적, 절차와 결과에 달려 있다. 원자폭탄을 창조한 맨해튼 프로젝트를 지휘한 오펜하이머(J. R. Oppenheimer)에서 이런 중요한 점이 발견된다. 오펜하이머는 여러 가지 재능을 가진 사람이다. 과학자로서 그는 전례 없는 복잡성을 지닌 과학기술 프로젝트를 지휘할 정도의 독보적인 자격을 지니고 있었다. 관리자로서 그는 유능한 과학자와 엔지니어를 모집하고, 작업 할당량을 배분하며, 수많은 갈등을 해결하고 프로젝트를 예정대로 진행하는 것 등을 신속히 배웠다. 그의 카리스마는 대단했다. 그의 "주된 영향력은 지속적이며 강렬한 존재감에서 나왔으며 이는 직접적인 참여의 감각을 만들어냈다."[5] 모두가 직접 참여하고 있다는 마음을 갖도록 한 것이다. 게다가 그는 명령을 내리기보다 지성과 헌신을 통해 각각의 과학자, 엔지니어, 직원들로부터 최선을 이끌어냈다.[6] 작업자들과 그들의 가족들은 3년 동안의 프로젝트 기간 동안 그가 보여준 배려

---

5 Victor Weisskipf, Kai Bird and Martin J. Sherwin *American Prometheus: The Triumph and tragedy of J. Robert Oppenheimer* (New York: Alfred A. Knofp, 2005), 277에서 재인용.

에 감사했다.

오펜하이머는 능률적이고 큰 영향력을 행사하였다. 하지만 그는 창의적인 도덕적 리더였을까? 그는 새롭고 도덕적으로 가치 있는 방식으로 이끌고, 다른 사람들의 도덕적인 창의성을 이끌어내는 리더일까? 어떤 입장에서 보면, 오펜하이머는 매우 도덕적으로 창의적이었다. 왜냐하면 맨해튼 프로젝트는 수많은 미국인들과 연합군의 목숨을 구했고, 나중에 핵 억제력을 통해 세계 전쟁의 가능성을 감소시켰기 때문이다. 다른 입장에서 보면, 오펜하이머는 창의적인 도덕적 인물이 아니었다. 왜냐하면 그는 히로시마와 나가사키에 공포를 심어주었고, 엄청난 비용이 드는 핵무기 경쟁도 유발시켰기 때문이다. 이와 같은 입장에서 보면 맨해튼 프로젝트가 그의 리더십을 평가하기에는 도덕적으로 애매하다. 외관상으로 보면, 그것은 오펜하이머의 태도였다. 그가 그 프로젝트를 완수할 무렵 첫 흥분 상태를 겪은 직후, 그는 그와 절대로 떼어놓고 설명할 수 없는 음울한, 상반된 감정을 보여주기 시작했다.[7]

훌륭한 인격은 특정 상황에서 복잡한 방식으로 상호작용한다. 전기 작가들에 따르면, 로스앨러모스(Los Alamos)에서 보여준 오펜하이머의 능률성은 그의 높은 지성, 자기규율, 공감에서 나왔으며 독특한 상황에 대한 그의 대처 능력에서 나왔다. 만일 그가 자신의 복잡한 인성의 다른 측면들을 점검하지 않았다면, 그 측면들은 그의 리더십을 크게 약화시켰을 것이다. 다른 맥락에서 보면, 그는 거만하고 잘난 체하며 자신보다 뛰어나지 않은 과학자들을 깔보는 경향이 있었다. 맨해튼 프로젝트를 수행하면서 그는 고등학술연구회의 책임자로서 19년 동안 거칠고

---

6 Bird and Sherwin, *American Prometheus*, 218.

7 Bird and Sherwin, *American Prometheus*, 335.

거만하여 심지어 그의 가장 친한 친구들도 깜짝 놀랄 정도의 잔인함을 드러내었다.[8] 때때로 그는 조급함을 통제하지 못했다. 동료들은 그가 노벨상을 수상할만한 충분한 능력을 지녔지만 너무 조급했기 때문에 노벨상을 받을만한 과학적 연구를 실행하지 못했을 것이라고 생각했다.

오펜하이머는 카리스마를 지닌 리더였다. 그는 주위 사람들에게 사기를 불어넣어 줄 수 있는 독보적인 재능과 세간의 이목을 끄는 비전을 가진 사람이었다. 카리스마는 리더십이 공유되고 다방면적인 상황, 하향식이거나 측면 혹은 상향식으로 움직이는 상황에서는 유용하지 않을 것이다. 그리고 동적이고 전환적인 패턴에서도 유용하지 않을 것이다. 이를 설명하기 위해, 미국 중서부에 위치한 대규모 대학의 우주과학 실험실의 책임자를 살펴보자.

그 책임자는 81살의 과학자로서 불간섭주의의 관리 유형을 보여주었고, 맨해튼 프로젝트에서 보여준 오펜하이머의 접근방식과는 정반대의 특징을 지닌 사람이었다. 그는 비공식적으로 그가 관리하는 과학자들과 일주일에 한 번 정도 모임을 가졌고, 대개 점심을 같이 하였으며, 그렇지 않는 날에는 과학자들에게 실험실의 강령과 자금 한계선 이내에 한해서, 그들의 연구를 수행할 수 있게 자유 시간을 최대한 제공하였다. 그는 연구자들이 책임감을 수용하며 신뢰와 지지를 받고 창의적인 생각을 하도록 자극받을 수 있는 환경을 만들었다. 이러한 분위기 속에서 연구원들은 본질적으로 실험실 내에서 모두가 리더가 될 수 있었다. 심지어 그 학생들도 집단의 작업 결과에 대한 특별한 감각의 주인의식을 가지게 되며, 그리하여 그들은 모두 더욱 관심이 있고, 참여적이며, 동기부여를 받을 수 있었다.[9] 그 실험실은 매우 생산적이었으며, 35개의

8 Bird and Sherwin, *American Prometheus*, 386.

우주 임무를 설계하고 조작하는 데 큰 공헌을 하였다.

고도로 구조화된 맨해튼 프로젝트와 매우 느슨히 이루어진 연구 실험실은 양극단의 모습을 보여주고 있다. 수익성이 우선인 기업에서의 리더십은 그 양극단의 어느 사이에 위치할 것이다. 『성공하는 기업들의 8가지 습관』에서 콜린스(J. Collins)와 포라스(J. Porras)는 한 세기 동안 살아남은 매우 성공적인 기업을 연구하였고, 좋지만 훌륭한 정도는 아닌 타 기업과 각각 비교했다. 그들은 가장 성공적인 기업들이 긴 시간 동안 일련의 안정적인 핵심 가치와 목적을 추구하는 데 전념하고 있다는 것을 발견하였고, 동시에 혁신도 추구하고 있다는 것을 알게 되었다. 각각의 예를 살펴보면, 수익은 매우 중요하지만 그 기업의 핵심 가치와 목적에 종속되어 있다. 콜린스와 포라스는 그 밖에도 카리스마적인 리더는 종종 평가받는 것보다 덜 중요하다는 것을 발견하였다. 그 대신, 그 기업들은 그들의 핵심 가치와 헌신을 유지함으로써 그들 자신만의 비전을 가지고 있다. 더욱이, 이러한 기업들은 카리스마적인 리더를 보유하고자 할 때 대개 그 조직 내에서 리더들을 양성한다. 이는 제도적인 관행의 중요성을 보여주고 있다.

예를 들면, 3M은 혁신적으로 문제를 해결해야 할 광범위한 내용의 업무를 담당하는 기업이다. 창의성은 그것의 목표와 가치에 토대를 두고 있다. 다른 핵심 가치들은 직원들의 개인적 성장과 진취성에 대한 존중, 그리고 상품의 질과 신뢰성을 포함한다.[10] 한 세기 동안, 3M은 카리

---

9 Charles Hooker and Mihaly Csikszentmihalyi, "Flow, Creativity, and Shared Leadership," in *Shared Leadership: Reframing the Hows and Whys of Leadership*, ed. Craig L. Pearce and Jay A. Conger, (Thousand Oaks, CA: Sage Publications, 2003), 226.

10 Jim Collins and Jerry I. Porras, *Built to Last* (New York: Collins business, 2002), 68, 225.

스마적인 CEO에 의지해 운영되기보다는 진취성과 리더십을 공유함으로써 혁신적 분위기 속에서 운영되었다. 경영자들은 상품 개발을 위한 귀중하고 새로운 아이디어가 나올 수 있는 분위기를 유지하도록 하는 임무를 떠맡았다.

따라서 아이디어를 가지고 있는 전도유망한 젊은 공학자들은 "최고 경영진"에 의해 후원받고 있다. 최고 경영진은 상관보다 멘토와 조력자로서의 역할을 수행하고, "새로운 벤처 팀"을 구성한다.[11] 그 팀은 새로운 상품을 개발하는 동안 계속 함께 머무르게 된다. 만약 그 프로젝트가 성공하면, 엔지니어들은 프로젝트 엔지니어에서부터, 생산라인 엔지니어 관리자, 그리고 연구 및 개발 관리자까지도 봉급을 인상받고 명예도 얻는다. 하지만 프로젝트가 실패하면, 그들은 보상의 이전 수준으로 되돌아가고 고용이 위협을 받을 것이다. 성공은 축하받으며, 3M은 매년 수백 가지의 새로운 상품을 만들어내고 있다. 포스트 잇도 바로 이러한 상품 중에 하나다. 1억 달러 규모의 생산라인으로 성장시킨 이 아이디어는 교회 성가대에서 찬송가를 부르던 3M의 한 직원으로부터 나왔다. 이 직원은 찬송가집의 페이지 수를 표시하기 위해 쓰던 종이쪽지가 자꾸 떨어지자 이것이 귀찮아서 이러한 아이디어를 생각해 내었다고 한다. 다른 발명품은 3M 실험 기술자가 발명한 마스킹테이프이다. 이 기술자는 판매부서로부터 자동 페인터가 2색조 차량의 색을 칠하는 데 어려움을 겪고 있다는 것을 듣고 이 같은 아이디어를 생각해내었다.

---

11 Thomas J. Peters and Robert H. Waterman, *In Search of Excellence: Lessons from America's Best-Run Companies* (New York: Warner Books, 1982), 224-34; and Thomas J. Peters, "A Skunkworks Tale," in *Managing Professionals in innovative Organizations*, ed. Ralph Katz (Cambridge, MA: Ballinger Publishing Company, 1988), 433-41.

맨해튼 프로젝트, 대학 우주실험실, 그리고 3M 기업을 함께 생각해 보면, 이것들은 오히려 창의적인 사람들을 지원하는 이상적인 그림을 제시한다. 슘페터(J. Schumpeter)가 '창조적 파괴' 라고 불렀던 자본주의의 냉혹한 측면은 어떤가? 부정적인 인센티브들은 혁신을 지원할 수 없을까? 물론 여기서 우리가 도덕적으로 바람직한 수단에 대한 평가에 동의하지 않을지라도 적어도 잠시 동안은 그것들이 어느 정도 지원할 수 있다.

미국의 세계 최대 종합 전기회사인 GE를 생각해보자. GE는 1980년대 "재공학(reengineering)"[12] 이라고 불리던 방식으로 자발적으로 재구조화한 첫 번째 기업이었다. 화학공학 분야에서 박사학위를 취득하고 20년 동안 GE에서 근무했던 웰치는, 기업이 포춘 500 중 가장 수익성이 좋은 기업 중 아홉 번째에 뽑힐 정도로 잘 될 때 CEO로 임명되었다. 그러나 나라 경제가 침체되었을 때, 웰치는 GE가 좀 더 빠르고 민첩해져서 더욱더 경쟁력을 갖추어야 한다고 생각했다. 웰치는 노동 인구의 감축과 과도한 관료 행정의 폐시를 공격적으로 시행했다. 5년 이내에 그는 81,000명을 해고시켰고, 37,000명의 직원을 가진 기업체도 매각했다. GE의 직원 중 4분의 1은 직업을 잃었다. 해고된 직원들이 새로운 직업을 찾도록 도와주는 단계도 시행되었지만, 그들과 그들의 가족에게 그 충격은 너무나 컸다. 게다가, 가장 자질이 뛰어난 직원들을 지키기 위해 상위 20퍼센트에게는 임금을 늘려주고 주식매입 선택권도 제공하였으며 중간층 70퍼센트에게는 능력 개발을 독려하였고 하위 10퍼센트는 해고하였다. 모든 경영진이 매년 평가를 할 때 이 시스템을 사

12 Jack Welch, with John A. Byrne, *Jack: Straight From the Gut* (New York: Warner Books, 2001), 125.

용하도록 요구했다. 관리자 자신들도 GE의 "4가지 E"에 의하여 평가되었고, 승진하거나 해고되었다. "매우 높은 에너지(energy) 수준, 공통된 목표를 향하여 타인에게 힘을 불어넣어 주는(energize) 능력, 과감하게 예와 아니오의 결정을 할 수 있는 단호함(edge), 마지막으로 끊임없이 그들의 약속을 실행(execute)하고 이행하는 능력이 그것이다."[13]

반대자들은 웰치(J. Welch)가 건물과 자료만 남기고 사람들을 파멸시킨다고 하여 그를 '핵탄두 잭'이라고 불렀다. 지지자들이 보기에 그는 기적을 낳은 동료였다. 그는 GE의 관료주의를 업적주의로 바꾸었다. 창의성은 보상받고 형편없는 업적은 제재를 받았다. 주주들은 기뻐했고, 웰치는 창의적인 변화의 국제 대변자가 되었다. 웰치는 GE의 핵심 가치인 고객 수익, 상품의 훌륭함, 직원들의 평가를 유지했다고 확신한다. 그가 보기에, 직원들의 가치를 평가하는 것은 그들을 대할 때 존중하고, 그들이 성공할 수 있는 올바른 직책에 배치하고, 그들의 아이디어에 귀를 기울이며, 그들을 통합적이고 정직하게 평가하고, 그리고 그들의 창의성에 대해 보상하는 것이다.[14] 동시에 그는 이러한 가치들이 기업 내에서 추구되어야 한다고 주장한다. 기업의 주요한 사회적 책임은 강하고 경쟁력을 갖추기 위하여 부를 창조하는 것이고 투자자들에게 합리적인 보상을 하는 것이며, 그리고 나라를 돕기 위한 세금을 내는 것이다.

웰치는 과학과 기술의 창의성이 철저히 경제적인 가치에 예속된 세계를 표현했다. 이러한 예속은 점차적으로 의료서비스와 같은 과학기반 서비스업종에서, 그리고 심지어는 학계에서도 점차 규범으로 자리 잡게

13 Welch and Byrne, *Jack*, 158.

14 Welch and Byrne, *Jack*, 168, 190, 381–99.

될 것이다.[15] 이러한 경제 지배적인 세계는 더욱 생산적일 수 있지만, 창의적인 파괴에 대해 경계하고 있다. 리더십의 미래는 경제적인 관심과 과학적인 창의성을 통합시키기 위한 더 나은 방법을 요구할 것이다.

마지막으로, 기술 기업 안에서 윤리적인 분위기를 이끌어낼 수 있는 리더십을 생각해보자. 이러한 리더십의 시작 이래, TI(Texas Instruments)는 기업 자체와 그 산업을 위해 높은 도덕적 분위기를 조성한 것에 대해 자부심을 가졌지만 1980년대 중반, 방위 산업의 부패에 대한 공적 인식에 비추어 더욱 형식적인 접근 방법을 추구하였다.[16] 기업은 윤리실을 설치하였고, 부사장 중의 한 명인 스쿡룬드(C. Skooglund)를 초대 책임자로 임명하였다. 스쿡룬드는 전 세계의 노동자들로부터 윤리적인 관심사들을 전달받기 위한 의사소통의 장을 마련하였고 동시에 익명성도 보장하였다. 그는 광범위한 윤리교육 프로그램을 개발하였고, 특정 윤리적인 이슈와 예화에 대해 토론한 『초석』(*Cornerstone*) 시리즈를 출간하였다.

2000년대 쯤, TI는 새로운 CEO의 선출과 2년 동안 20여개의 자회사를 매각하는 등 주요변화를 겪었다.[17] 갑작스럽게 TI는 국내보다 국외의 직원들이 많아지고, '초석'의 세부적인 지도방침을 실행하는 데 어

15 Derek Bok, *Universities in the Marketplace: The Commercialization of Higher Education* (Princeton, NJ: Princeton University Press, 2003); and Jennifer Washburn, *University Inc.: The Corporate Corruption of Higher Education* (New York: Basic Books, 2005).

16 Francis J. Aguilar, *Managing Corporate Ethics* (New York: Oxford University Press, 1994), 120-35.

17 D. Driscoll and W. M. Hoffman, "From Volumes to Three Words: Texas Instruments," in *Business Ethics*, ed. W. M. Hoffman, R. E. Frederick, and M. S. Schwartz (Boston: McGraw-Hill, 2001), 623-28.

려움이 발생하기 시작했다. 이에 대한 대응책으로 스쿡룬드가 제시한 윤리 프로그램의 내용은 3가지의 핵심 가치와 각 핵심 가치에 포함된 두 개의 요소들로 구성되어 있다. 충실성(타인을 존중하고, 정직하라), 혁신(배우고 창조하라, 합리적인 위험을 감수하라), 헌신(책임감을 가져라, TI에 헌신하라)이 그것이다. 혁신이라는 명목 아래 TI가 창의성을 도덕적인 가치로서 지지한 것은 주목할만하다. 수쿡룬드와 TI는 혁신적인 윤리 프로그램을 개발하고 변형하는 과정에서 도덕적인 창의성을 보여주었다.

개인적 인격과 제도적인 관행

아이러니하면서도 중요한 것은 리더십을 리더에게만 초점을 맞춰 이해해서는 안 된다는 것이다. 이 협소한 초점은 위대한 리더(Great Leader) 이론, 즉 세상은 일차적으로 위대한 리더가 있고 없음에 달려 있다는 이론을 제기한다. 우리가 조직이나 일반 국민의 일원으로서 이상적인 리더와 악마 같은 리더 사이에서 동요할 때 이 이론은 종종 나타난다. 대부분의 학자들은 위대한 리더이론을 거부하였다. 왜냐하면, 이 이론은 광범위한 제도적 압력과 경제적, 사회적 영향력 그리고 행운을 무시하기 때문이다. 위의 예에서 제시한 것처럼, 창의적인 도덕적 리더십은 훌륭한 제도적 관행과 상호작용하는 훌륭한 인격에서 나온다. 이제 각각을 상세하게 논의해 보자.

먼저, 인격은 '전부 아니면 전무(all or nothing)'가 아니다. 그리고 무수히 많은 덕이 훌륭한 리더십과 관련될 수 있으며 상황에 따라 다르게 나타날 수 있다. 리더십 연구는 종종 심리학과 사회과학의 관점에서 가치중립적인 언어를 사용하여 이러한 복잡성을 고려한다. 골먼(D.

Goleman)의 심리학이론인 정서지능이 새롭게 대두되고 있다. 왜냐하면, 덕이 여전히 완벽하지 못함에도 불구하고, 정서지능은 덕을 보다 현저한 것으로 수용하기 때문이다.[18]

골먼의 원래 이론 버전은 감성지능의 다섯 가지 차원을 확인하고 있다. 자기인식, 자기규제, 동기화, 공감, 그리고 사회적 기술이 바로 그것이다. 그는 각각의 차원 아래에 다섯 개의 능력을 세분화하여 모두 25개의 감성적 능력을 세분화했다. 예를 들어, 자아규제에는 자기통제, 신뢰성, 양심, 적응성, 그리고 혁신이 포함된다. 그리고 공감에는 남을 이해하는 것, 남이 더 발전하도록 돕는 것, 봉사 지향성, 다양성을 기르는 일 그리고 정치적인 자각이 포함된다. 이런 능력의 대부분이 덕에 존재하거나 덕을 암시한다. 한편, 골먼은 "정서지능이 표현하고자 하는 기술 체계에 적합한 오래된 단어로 인격이 있다"[19]고 인정했다.

우리는 나쁜 인격을 검토함으로써 훌륭한 인격에 대해 많이 배울 수 있다.[20] 광범위한 리더들에 관한 연구에서, 켈러만(B. Kellerman)은 몇 가지 비창의적인 리더십의 요소들을 확인했나. 즉, 무능력(필수적인 지식이나 기술의 부족), 경직성, 무절제(자기통제의 부족), 냉담함(집단의 요구 무시), 부패(거짓말, 도둑질, 사기), 편협(조직 외부인들의 권리와 요구 무시), 그리고 악(극악과 여타의 심각한 해를 저지름)이 그것이다.[21] 이러한 몇몇의 용어는 인격의 결점, 예를 들어 무절제와 냉담함

---

18 Daniel Goleman, *Emotional Intelligence* (New York: Bantam, 1998); and Daniel Goleman, Richard Boyatzis, and Annie McKee, *Primal Leadership: Realizing the Power of Emotional intelligence* (Cambridge, MA: Harvard Business School Press, 2002).

19 Goleman, *Emotional Intelligence*, 285.

20 Terry L. Price's *Understanding Ethical Failures and Leadership* (New York: Cambridge University Press, 2006)을 보라.

을 지칭한다. 다른 것들은 직접적으로(예: 부패) 혹은 간접적으로(예: 편협) 악덕과 관련된다. 이러한 비효율적인 리더십의 유형을 상세히 설명할 때, 켈러만은 이미 더 구체적으로 악덕을 암시하는 탐욕, 불성실, 비겁, 그리고 이기심과 같은 용어들을 사용한다.

켈러만은 인격 특성에 호소하는 것은 심리학의 낡은 전통이라는 것을 알았다. '긍정의 심리학' 운동이 성격(personality)과 인격의 바람직한 특징을 강조함으로써 심리학을 변화시키고 있을지라도 심리학은 가치중립적인 과학이기를 원했다. 그녀는 리더십이 가치중립적 주제가 아니라 도덕적 주제라고 강조했다. 그녀는 또한 "당면한 과제의 상황과 본질, 물론 추종자들의 상황과 성격"[22]에게도 주의를 기울였다. 인격과 맥락이 동시에 검토되어야 한다. 더 나아가 켈러만은 "리더십의 역설, 예를 들면 부패했지만 동시에 유능한 리더"[23]에 민감했다. 훌륭한 리더는 유능하면서 윤리적인 사람이며, 두 특징은 다차원적인 면을 가진다. 보통 리더들은 어떤 점에서 유능하고 윤리적이지만 모두가 그런 것은 아니다.

이제 제도적인 관행을 살펴보자. 1996년부터 1999년까지 과학자, 의사, 그리고 기술자들에 대한 연구는 단순한 부정직과 조직의 결여를 넘어서서 창의성을 가로막는 세 가지 주요한 관행을 보여주었다. 첫째, 부하 직원을 모욕하고 완전히 부정적으로 평가하고 특히 공적으로 그들을 비하하였으며 둘째, 갈등에 자발적으로 대처하지 않고 문제를 더욱 심각하게 만들었으며 셋째, "이기적이고 착취적이며 위압적, 혹은 무례

---

21 Barbara Kellerman, *Bad Leadership* (Cambridge, MA: Harvard Business School Press, 2004).

22 Kellerman, *Bad Leadership*, 19.

23 Kellerman, *Bad Leadership*, 47.

하였다."[24] 역으로, 유능한 리더는 "배려하고 동정적이며 지지하고 열정적이며 동기를 부여한다." 다시 말하면, 유능한 리더는 "좋은 롤모델, 멘토, 그리고 조력자"이며, 기술적 문제와 경영적 능력에서도 유능하여 조직과 경청의 능력이 뛰어나며 효과적으로 소통하고 갈등을 해결한다.[25] 이러한 자질은 덕과 가치 있는 기술을 연결하고 연구팀에게 동기를 부여하여 최고의 업적을 산출하도록 한다.

일찍이 슈타이너(G. A. Steiner)는 조직 내에서 창의성을 격려하는 몇 가지 방법을 제시한다.

> 열린 소통의 채널이 유지된다. 외부 자료와의 접촉이 권장된다. 비전문가들[또한 전문가들도]은 문제를 할당받는다. 아이디어는 그것을 창출한 사람의 지위보다 가치에 따라 평가된다. 경영은 '합리적인' 예단보다 새로운 아이디어를 갖고 실험하는 것을 권장한다. 탈중심화(decentralization)가 이루어진다. 자율성이 전문적인 직원들에게 허용된다. 경영은 위험 감수에 관대하다. 조직은 엄격하게 운영되거나 경직되게 운영되지 않는다. 참여적인 의사 결정이 권장된다. 직원들은 재미있어 한다.[26]

슈타이너 역시 창의성을 말살하는 방법도 제시한다. 이 방법은 위험을 감수하는 것을 방해하고, 기업 안팎의 새로운 아이디어와 열린 소통을 가로막고, 일반적인 관행을 따르도록 하고 즐거움을 가로막는다. 그

24 Alice M. Sapienza, *Managing Scientists: Leadership Strategies in Scientific Research*, 2nd ed. (New York: Wiley-Liss, 2004), 6.

25 Sapienza, *Managing Scientists*, 7-8.

26 G. A. Steiner, *The Creative Organization* (Chicago: University of Chicago Press, 1965). Albert Shapero, "Managing Creative Professionals," in *Managing Professionals in Innovative Organizations*, ed. Ralph Katz, 216에 요약되어 있다.

리고 이는 인정하지 않고 자원을 제공하지 않는다.[27]

제도적인 관행을 이해할 때 우리는 개인의 창의성과 집단의 창의성을 구별해야 한다.[28] 특히 대학에서의 거대 연구 프로젝트뿐만 아니라 기업 환경에서도 창의성은 갈수록 집단 창의성이 중요하다. 즉, 가치 있는 새로운 결과물은 어떤 개인보다는 전체의 집단 안에서 생겨나고 오직 집단 안에서 일어날 수 있다. 어느 쪽이든, 개인의 창의성을 촉진하든 집단의 창의성을 촉진하든 창의적인 소통과 협력을 증진하는 제도적 맥락과 구조에 주의를 기울일 필요가 있다.

단지 집단의 창의성을 증진하는 복잡성의 한 원천으로써, 야니스(I. Janis)의 유명한 집단사고 연구를 살펴보자. 야니스에 따르면 "집단사고는 집단의 표준을 내면화하도록 하여 결과적으로 비판적인 사고를 억압하는 신중치 못한 측면이 있다. 그것은 사회적 처벌이라는 외부적 위협의 기초에 근거한 신중한 억압과는 아주 다르다."[29] 집단의 창의성은 대안적인 관점을 창출하는 건전한 갈등과 논박을 낳는다. 이와 대조적으로, 집단사고는 의견 불일치를 줄이고 대안의 범위를 약화시킨다. 집단사고는 비공식적으로 작동하기 때문에 서서히 확산된다. 아마 합의를 향해 집단이 움직이도록 하는 것에는 이것이 필수적이다. 집단사고의 기법(technique)이 아이디어가 추구할만한 가치가 있는 판단, 즉 주도적인 개인이든 도전적인 가정(assumption)을 공유한 집단이든 그들이 종종 내리는 판단을 빨리 하도록 만든다면, 집단사고는 심지어 브

---

27 Shapero, "Managing Creative Professionals," 219-20.

28 Wendy M. Williams and Lana T. Yang, "Organizational Creativity," in *Handbook of Creativity*, ed. Robert J. Sternberg (New York: Cambridge University Press, 1999), 373-91; and vera John-Steiner, *Creative Collaboration* (New York: Oxford University Press, 2000) 참조.

29 Irving L. Janis, "Groupthink," *Psychology Today* (November 1971), 272.

레인스토밍이 사용될 때에도 그렇게 작동될 수 있을 것이다.

요컨대, 과학과 기술에서의 도덕적 창의성은 고립된 개인의 배타적인 영역이 아니다. 그럼에도 불구하고, 도덕적으로 창의적인 방식으로 이끄는 리더든 다른 사람의 창의성을 특별히 촉진하는 리더든 창의적인 도덕적 리더는 중대한 공헌을 한다. 이는 다음 장에서 다룰 도덕적으로 창의적인 교사에 있어서도 마찬가지다.

9
가르침

창의적인 교사는 학생이 학습과정에서 새롭고 가치 있는 결과를 산출하도록 돕는다. 과학 학습은 과학적 진리와 절차를 이해하고, 과학의 지적, 사회적 중요성을 인식하며, 과학기술 세계에 대처할 수 있는 능력을 기르도록 한다. 그러나 좀 더 실제적인 수준에서 보면, 논쟁은 무엇을 가치 있는 결과로 간주할 것인가와 관련해서 생긴다. 따라서 진화론에 반대해 성경에 따라 아이들을 가르치는 천지창조설의 전도사들은 과학적 주류에서 벗어난 믿음을 토대로 새로운 것을 가르치고 있는지도 모른다.[1] 그러나 과학의 표준에서 판단할 때 그런 가르침의 측면은 가치도 없을 뿐더러 창의적이지도 않다.

창의적인 가르침은 새롭고 가치 있는 접근법을 사용한다. 예를 들면, 창의적인 가르침은 도시나 시골의 환경에서 다양한 유형의 학생들을 참여시키는 혁신적인 방법을 찾아내는 데 있다. 이런 결과를 이루어내기 위해 가장 좋은 방법은 창의성에 대해 가르치는 것이다. 즉 학생 안에 있는 창의성을 촉진시키는 것이다. 창의성은 또한 교육제도를 향상

---

1 Stephanie Simon in "Their Own Version of a Big Bang," *Los Angeles Times* (February 1, 2006), 1, 16을 보라.

시키고, 궁극적으로 학습에 도움이 되는 교육과정의 실제를 개선시킬 때 성취될 수 있다.

가르침에 대한 창의적 접근

과학교사들은 학생들이 많은 양의 정보와 다양한 기술을 습득하도록 돕는다. 12학년(K-12)의 교육에서, 대다수 교사들은 정보와 기술이 무엇인지 결정하는 데 제한적인 권한만 가진다. 그러나 일단 학교, 학군, 주(states), 그리고 국가적 표준에서 목표가 구체화되면, 어떤 창의적인 가르침이 그런 목표를 추진하고 초과 성취한 것으로 평가될 수 있는지에 대한 기준이 정립된다. 창의적인 가르침은 학부모와 문화가 과학 학습의 중요성을 당연한 것으로 간주하지 않는 수많은 도시와 시골에서 더 필요하다고 할 수 있다. 여러 가지 예를 살펴보자.

에스칼란테(J. Escalante)는 볼리비아 이민자로서 수학을 사랑하고 학생들을 돌보는 것 또한 좋아했기 때문에 여러 돈 되는 전공을 뒤로하고 수학을 가르치기로 결정했다.[2] 그는 부유한 학구에서 가르칠 수 있었지만 멕시코계 미국인 학생들을 가르치고 싶었기 때문에 LA 동부에 있는 가필드 고등학교 근무를 선택했다. 그 학교 95퍼센트의 학생들은 라틴계였고, 80퍼센트의 학생은 극빈층 가정 출신이었다. 기대 수준은 낮았고, 낙제율은 높았다. 그럼에도 에스칼란테는 자기 학급에 매우 높은 기준을 세웠다. 그는 또한 상급 미적분 반을 만들었고, 모든 학생들이 3점 혹은 그보다 훨씬 높은 점수를 획득하여 국가시험을 통과해 대

---

2 Jay Mathews, *Escalante* (New York: Henry Holt, 1988). 영화 *Stand and Deliver*는 에스칼란테(Jaime Escalante) 교사를 다루고 있다. 그는 뒤이어서 자신의 창의적 가르침의 경력을 TV의 프로그램을 통해 확장시켰다.

학에 입학할 수 있도록 한다는 목표를 세웠다. 그는 반 전체 학생을 자극하고 개인적인 관심을 고취시켜 학생들이 점심시간이나 방과 후에 보충수업에 참석하도록 했다. 또한 학부모들로 하여금 아이들이 노력하면 고등학교도 졸업하고 대학 입학의 가능성이 높아질 것이라고 확신하게 만들었다. 그의 첫 번째 상급반은 아주 성공적이었다. 시험 감독관조차 학생들이 부정행위를 해서 높은 점수를 획득했을 것이라고 생각하고 재시험을 치르라고 한 적도 있었다. 학생들이 가필드에서 전례없던 수준으로 공부하고 있었을 당시 그는 가필드의 수학 프로그램 담당 강사가 되었다.

두 번째의 예는 콜럼비아대학교의 팀 교수들과 박사학위의 학생들인데, 그들은 도시 임시 주택지구에 살던 십대 아이들을 위해 방과 후 프로그램을 하고 있었다.[3] 그 아이들은 사실 모든 면에서 불리했지만, 교사들은 지역사회에 공헌할 수 있는 그들의 힘을 강조했다. 그리하여 학생과 교사는 쓰레기 투척과 마약 판매가 이루어지던 공터를 지역사회의 정원으로 탈바꿈시키기 위한 계획을 수립했으며, 그전에 많은 가능한 프로젝트를 탐색했다. 그들은 자신들의 집단을 '환경과 경관 복원(Restoring Environments and Landscapes)'이라 이름 붙이고, 학생들은 채소 정원을 계획하고 만들었다. 그리고 그곳에서 생산한 채소를 지역 시장에 내다 팔았다. 게다가 그들은 무대를 만들었고 지역사회 관심을 끌기 위해 이벤트 행사로 벽에 벽화도 그렸다. 팀을 이루어 일하면서, 학생들은 치수도 재고, 대안적인 디자인을 그리고, 식물의 생장을

3 Angela Calabrese Barton, *Teaching Science for Social Change* (New York: Teachers College Press, Columbia University, 2003), 138-57. 그리고 *Improving Urban Science Education*, ed. Kenneth Tobin, Rowhea Elmesky, and Gale Seiler (Lanham, MD: Rowman & Littlefield, 2005)을 보라.

연구하는 등 생태학 기초도 배웠다. 청소하면서 많은 학생들은 책임감 있는 쓰레기 수집과 재활용에 대해서 배우게 되었다. 그리고 그들은 지역사회 구성원들과 상호작용하면서 구두나 문서로 소통할 수 있는 기술을 발전시켰다.

세 번째 예는 도시의 중 · 고등학교 교사 집단이다. 그들은 자신들의 반 학생들이 서북부의 핸더슨 크리크(Henderson Creek) 유역을 공부하도록 했는데 그 유역은 태평양으로 흐른다.[4] 핸더슨 크리크는 농경작으로 오염되었고 산업 공원을 포함한 근교 지방 확장 작업으로 인해 오염되었다. 주택 단지 조성을 위해 개울의 흐름을 일직선으로 바꾸었지만 이제 더 이상 습지를 구경할 수 없었고 깨끗한 물도 흐르지 않게 되었다. 교사들은 학생들이 전통적인 실험실 환경에서 벗어나 과학을 봉사활동과 연계할 기회를 제공했다. 보호자인 부모의 도움으로 학생들은 정규적인 물 표본을 채취하고, 실험을 고안하며, 적합한 수학 모델을 배우고, 강 오염과 바다 오염의 관계에 대해 인터넷을 활용해 연구를 하기 시작했다. 전통적인 과학 박람회 프로젝트를 개발하는 것은 물론이고 회합과 신문을 통해 지역사회에 그들의 연구 결과를 직접 보고했다.

네 번째 예는 북부 캐롤라이나에 있는 노샘프턴 고등학교의 과학교사와 자동차 정비과 교사의 협동 작업이다. 그곳에 다니는 대부분의 학생들은 경제적으로 궁핍한 가정 출신의 아프리카계 미국인들이었다.[5] 라이언(E. Ryan)은 'Teach for America' 프로그램을 2년째 맡고 있는 과학교사였다. 밀러(H. Miller)는 20년간 자동차 정비과 교사였는데,

---

4 Wolff-Michael Roth and Angela Calabrese Barton, *Rethinking Scientific Literacy* (New York: Routledge Falmer, 2004), 22-48, 159-79.

5 Caroline Kettlewell, *Electric Dreams* (New York: Carroll and Graf Publishers, 2004).

1973년 OPEC 석유 금수조치에 따라 수입 원유에 대한 의존도를 감소시키는 방법으로서 전기 자동차에 대해 관심을 가진 인물이었다. 교육부는 그들에게 한 집단의 학생들과 함께 작업을 하여 새로 만들어진 영미 공통 주(Mid-Atlantic States)를 위한 콘테스트에 나가도록 했다. 그 콘테스트는 기름 자동차를 전기 자동차로 바꾸는 작업을 포함한다. 그래서 학생 집단들은 리치몬드, 버지니아의 전미 개조 자동차 경기 연맹(NASCAR) 트랙에서 4가지 운전 범주에서 경쟁했다. 즉 에너지 효율성을 살리는 운전, 거리 경쟁 그리고 두 가지 범주의 디자인, 마지막으로 이와 관련된 과학에 대한 구두 발표 부문에서 경쟁했다. 노샘프턴 고등학교는 훨씬 부유한 지역에서 온 학교들과 경쟁하게 되었지만 결국은 이겼다. 예를 들면, 거리 경쟁 부문에서, 한 학생이 주어진 90분 동안 64마일을 경주하였고, 마지막 9바퀴에서 그녀는 유일하게 트랙을 돌고 있었고 다른 자동차들은 이미 전원이 나간 상태였다. 그 학생들의 성공 덕분으로 라이언과 밀러는 전기 자동차 경주에 관한 팀티칭 과정을 발전시키게 되었다. 그들과 그 학생들은 다음의 경쟁에서 우수한 성적을 거두었으며 자신감도 강화되고 학교의 명성도 드높였다.

이러한 예들을 통해 우리는 가르침이 고도로 개인적인 차원이라는 생각을 하게 되었다. 교사는 기계적으로 정보를 전달하는 로봇이 아니다. 교사는 전문가로서 개인적인 능력과 헌신을 함양하여 학생들에게 도전하는 힘을 길러주고 그들의 학습을 촉진시키는 역할을 한다. 앳킨(J. M. Atkin)과 블랙(P. Black)이 다음과 같이 지적한 것처럼, 잘 가르치고 창의적으로 가르치는 방법들은 많다.

> 교사들은 다른 전문가들처럼 특정한 것을 상징하며, 자신들의 실천과 직접적으로 관련이 있고 그 실천에 반영된 인격과 인성의 특성을 구현한다.

> 그 특성은 교사의 가장 독특한 자질이다. …… 내가 좋아하는 한 교사는 자신의 과목에 대해 매우 열정적이었고, 다른 교사는 학생들로 하여금 최선을 다하게 하는 특별한 방법을 가지고 있었으며, 또 다른 교사는 학생들이 어려움을 겪을 때 흔쾌히 시간을 내주었다.[6]

모든 창의적인 교사는 지속적으로 그들의 지적 기반과 교수기법을 개선시켜 나간다. 그들은 박봉이나 열악한 근무환경 속에서도 스스로를 헌신하는 방법을 찾아낸다. 그리고 그들은 창의적으로 가르치며 지적인 노력을 계속하여 학생들을 가르치는 항상 깨어 있는 사람들이다.

창의적 가르침

창의성을 가르친다는 것의 의미는 교육 수준이나 교육 맥락과 깊은 관련이 있다. 중 · 고등학교에서 창의성을 가르치는 것은 전형적으로 새롭고 가치 있는 결과를 이끌어내는 것을 의미하는데, 이는 개인 관련 창의성이나 집단 관련 창의성과 관계가 있다. 그렇기는 하지만, 장기적인 목표는 나중에 학생들로 하여금 역사 관련 창의성을 키울 수 있게 하는 기술을 개발시키는 것이 될 것이다.

『과학 가르침의 예술』(*The Art of Teaching Science*)에서, 해서드(J. Hassard)는 중 · 고등학교에서 창의성을 도입하는 여러 방법을 설명하고 있다. 예를 들면, 그는 어느 고등학교의 화학교사의 예를 설명하고 있다. 그 교사는 매일 학생들이 탐구 호기심을 가지고 창의적인 반응을

6 J. Myron Atkin and Paul Black, *Inside Science Education Reform: A History of Curricular and Policy Change* (New York: Teachers College, Columbia University, 2003), 157.

하도록 권장한다. "학생들은 미세한 증거를 세심히 관찰하여 무엇이 일어났는지 밝혀내고, (양배추 시약을 이용해) 산성비를 테스트한다. 그들은 관찰 결과에 의거해 결론을 이끌어내며, 귀납적으로 화학 개념을 배우는 데 도움이 되도록 기획된 미량 화학 실험을 수행해 나간다."[7] 게다가 교사는 학생들로 하여금 국제적인 프로젝트에 참여하게 하며, 환경 화학에 대한 국제적인 관점을 획득하도록 다른 나라 학생들과 인터넷을 통해 팀을 이루게 하기도 한다.

그러나 해서드는 창의성이 무엇인지(즉, 무엇을 촉진하는 것인지) 규정하는 데 별 도움을 주지 못하고 있다. 그는 비판적 사고와는 구별하여 특별한 정신 과정의 관점에서 창의성을 정의했다.[8] 그가 말하기를, 비판적 사고는 관찰, 실험 고안, 가설 설정, 추론, 측정, 분류 등의 과정을 이용하는 '합리적, 반성적 사고'이다. 그와 반대로, 창의적 사고는 직관, 상상력, 구상화(visualizing), 그리고 대안 창출 등의 과정을 사용하는 것이다. 이러한 이분법은 이 두 가지 활동이 완전히 융합되어 있다는 문제를 갖는다. 예를 들면, 가설을 설정하고 실험을 고안하는 것은, 종종 상상하는 것과 대안을 창출하는 것을 필요로 하고, 그 반대의 경우도 성립된다. 해서드가 비판적 사고와 창의적 사고가 상호 보완적이며 둘 다 '전체론적 사고(holistic thinking)'의 성격을 가진다고 말하는 것으로 보아 그는 이러한 융합을 인식하고 있는 것으로 보인다. 그렇기는 하지만, 그 융합은 너무 조밀해서, 심지어 정신 과정에 의해 처음으로 둘을 분리하려는 것마저 허락하지 않는다. 과학에서 창의성은 가설을 설정하고, 실험을 고안하고, 추론하고, 창의적인 방법으로(즉, 새롭고 가치

7 Jack Hassard, *The Art of Teaching Science* (New York: Oxford university Press, 2005), 210.

8 Hassard, *The Art of Teaching Science*, 332.

있는 결과를 끌어내는 방법으로) 다른 비판적 사고를 수행하는 것이다. 결과를 계속해서 무시한다거나, 최소한 그런 결과를 끌어내는 경향마저 무시한다면, 우리는 창의적 사고, 창의적 접근, 그리고 창의적 지능을 이해할 수 없다.

상상력, 유통성, 탐구 호기심, 위험 감수, 그리고 다른 기술 등을 촉진시키는 것은 중요하지만, 확인하고 문제를 해결하며 과학적으로 추론하는 능력을 기를 필요가 있다. 또한 창의성을 촉진하기 위해 교사는 수많은 탐구자들의 축적된 창의성을 통해서 과학이 어떻게 진보되었는가를 학생들에게 알려주어야 한다. 과학적 창의성은 뛰어나게 창의적인 사람들이 간간히 비약적으로 발견해낸 것이다. 이러한 역사적 감각을 전달하는 하나의 방법은 종종 모범적인 과학자들의 개인적, 사회적 배경을 점검하는 시간을 갖는 것이 다.

모든 수준에서, 창의성을 가르친다는 것은 가치를 전달하는 것이며, 특히 지적이고 다른 도덕적 덕과 이상을 가르치는 것을 의미한다. 여기에는 진리를 사랑하고 창의적인 사람이 되고자 하는 열망뿐만 아니라 지적 정직성, 겸손, 용기가 포함된다. 대부분 이러한 가치들은 간접적으로 배우고, 교사의 열성이나 조용한 헌신을 통해 전달됨에 틀림이 없다. 많은 양의 정보와 설명적인 배경 지식이 소개될 때, 그것들의 도덕적 중요성이 드러난다. 가능하면 어디서나 그것들은 재미있게 전달되고 관념을 사용하는 활동이나 실험의 과정에서 즐겁게 전달될 수 있다.

재미(fun)라는 말이 나왔으니, 우리가 방금 소개했던 사례를 통해 대학에서의 창의적인 가르침에 대해 말해보자. 파인먼(R. P. Feynman)은 가르침이 창의적인 표현을 위한 포럼이고, 진리와 자연의 경이로움에 대한 존중을 전달하는 기회이며, 문제해결의 기쁨을 전달할 수 있는 방법이라는 것을 발견하였다. "난 가르치는 것을 매우 좋아한다. 나는 어떤 사물을 설명할 때 그것을 바라보는 새로운 방법에 대해 생각하는 것을 좋아하고, 그것을 보다 분명히 밝히는 것을 좋아한다."[9] 학생들은 그가 대학에서 강의할 때, "그 강의실은 극장이었고, 교수님은 배우였으며, 사실과 등장 인물 만큼이나 드라마와 불꽃놀이를 잘 주도했던 분이었습니다"[10]라고 회상한다. 대학교 수준이든 대학원 수준이든, 파인먼은 창의성을 가르쳤다. 한 학생이 회상한 것처럼, "그는 우리 모두에게 자기만의 관념의 우주를 창조하라고 촉구하셨습니다. …… 그것은 대부분의 우리들이 이전에 받던 가르침과는 전혀 다른 것이었습니다."[11] 파인먼은 창의성을 가르칠 때 미신적 사고에서 벗어나 과학적 사고력을 전달하는 것뿐만 아니라 그 오류에 대해서도 관심을 가져야 한다고 강조했다. "어마어마한 기술들을 가지고 일종의 균형을 잡으며, 과거(과학)란 것을 거부하고 수용하는 것 모두를 가르치는 것이 필수불가결하다."[12] 특히, 대학원이나 박사과정에서 창의성을 가르치는 것은 학생들에게 과학이라는 분야(역사 관련 창의성)를 진보시키기 위해 도전하도록 격려하는 것이다. 궁극적인 수준에서 가르침은 코치하는 것과 유사하다고 할 수 있다.[13] 유능한 코치는 선수가 더 뛰어난 역량을 발휘할

---

9 Richard P. Feynman, *The Pleasure of Finding Things Out*, (Cambridge, MA: Perseus Publishing, 1999), 203.

10 David Goodstein, "Richard P. Feynman, Teacher," in "*Most of the Good Stuff*": *Memories of Richard Feynman*, eds. Laurie M. Brown and John S. Rigden, (New York: Springer Verlag, 1993), 118. Kay Redfield Jamison, *Exuberance: The Passion for Life* (New York: Alfred A. Knopf, 2004), 238에서 재인용.

11 Laurie M. Brown, "To Have Been a Student of Richard Feynman," in "*Most of the Good Stuff*," ed. Brown and Rigden, 54.

12 Richard P. Feynman, *The Pleasure of Finding Things Out*, 188.

13 John Janovy, jr., *On Becoming a Biologist*, 2nd ed. (Lincoln: University of Nebraska Press, 2004), 75.

수 있는 방식으로 정보를 전달하고 기술을 향상시킨다. 최선을 다해 교사는 그렇게 할 뿐만 아니라, 그것은 종종 박사과정의 연구나 박사 이후 과정의 연구에서 중요한 역할을 하게 된다.

교육혁신

콥(W. Kopp)은 라이언이 참여했던 프로그램인 'Teach for America'을 창안했다. 콥은 프린스턴대학 학부생일 때, 공교육의 불공정에 대해 관심을 갖게 되었다. 그녀는 그 주제에 관한 회의를 조직했고, 한 가지 의문이 떠올랐다. "왜 이 나라는 도시나 시골의 공립학교에서 2년간 헌신적으로 가르칠, 명문대학교 학생으로 구성된 국립교사협회가 없을까?"[14] 그 프로그램은 의미 있는 공헌을 원하는 졸업반 학생들의 이상에 어필했다. 그래서 그것은 가난한 학교를 위한 개혁가들에게 매력적으로 보였고, 그들은 대부분 그런 것을 필요로 했다. 콥은 이 생각을 졸업 논문에 담았고 졸업 후에 협회를 설립했으며 실행에 옮기기 위해 기금을 모았다. 1년 만에 콥은 최고 행정가가 되었고 수백 명의 능력 있는 졸업생들을 유치하고 모집하는 수백만 달러짜리 프로그램의 기금조성가가 되었다. 처음 13년간 'Teach for America'에 참여한 9,000명의 교사는 일백만 명의 어린이들을 가르쳤다. 이 교사들 중 상당수는 교육자나 학교 행정가로 남아 있다.

콥은 오랜 전통의 교육 리더로 남아 있다. 다른 개혁가들은 특히 수학과 과학의 교육과정에 초점을 맞추었다. 한 가지 지속적인 도전은 과

---

14 Wendy Kopp, *One Day, All Children* (New York: Pubic Affairs, 2003), 6, 이탤릭체 부분을 삭제함.

학 교육에 있어 목적과 수단을 결정하는 것이다. 특히 12학년(K-12)에서, 재정적인 목적은 사회로부터 오는데, 사회적 요구는 변화하고 또한 경쟁적이다. 거대한 양의 정보를 전달하고 과학적인 방법을 인식하는 능력을 기르는 것, 창의성을 촉진하는 것, 생태학적 지각 능력을 향상시키는 것, 혹은 기업의 요구와 국가안보에 반응하는 것에 대해 강조를 두어야만 할까? 우선순위를 결정하는 것은 누가 의사 결정에서 일차적 권한을 가지는지를 결정하는 것처럼 항상 논쟁에 휘말리게 된다. 한때는 교재의 저자가 그런 권한을 가졌었다. 그 후에 소련과의 경쟁이 심해지면서, 선도하는 과학자들이 자연과학기금(National Science Foundation)을 통해 일차적인 통제권을 행사했다. 오늘날은 주와 지방정부가 경쟁적으로 통제권을 가지고 있으며, 교사들이 종종 제한된 조언을 할 뿐이다. 과학 교육과정의 목표와 내용을 설정할 때 공유된 창의적 활동이 요구된다는 것은 분명하다.

창의성이 공유되어야 하는 또 다른 영역은 다양한 과학에 대한 가르침을 통합하고 조화시키는 것이다. 얼마나 많은 물리학, 화학, 생물학, 지질학, 컴퓨터공학, 기술 연구들이 필요할까? 모든 이런 과목들은 일관성 있는 교육적 경험을 제공하기 위해 어떻게 통합되어야 할까? 에너지 사용이나 환경 보호의 상이한 측면을 연구하는 학생 프로젝트에서처럼, 학문들을 융합하거나 구분하지만 핵심 부분에서 조화시키는 것이 더 나을까? 통합은 모든 수준에서 필요하다. 예를 들면, 특정 학교교육, 그 이후의 학교교육, 그리고 학교 수준, 특히 고등학교와 대학 간의 통합은 필요하다. 예를 들면, 주립대학교가 최소한의 입학 조건을 결정하는 것이 바람직하나 고등학교 교사 또한 취약한 부분에 대해 말할 필요가 있다. 이것이 이상적일 것이다.

과학이론과 기술적 연구를 통합하는 것이 특히 중요하다.[15] 과학과 컴퓨터 소양은 주요 관심거리가 되고 있고, 광범위한 기술 소양의 중요성이 증대되고 있다. 기술은 과학의 적합성을 정립해주는 자연스러운 방법이며, 이는 전기 자동차의 예에서 찾아볼 수 있다. 기술은 응용과학에 기초를 둔다. 하지만 이는 독특한 공학적 개념, 특히 설계의 개념을 응용하며 실제적인 문제를 풀고 공동체의 요구를 수용할 때는 사회 과학, 의사소통 연구, 심지어 철학과 관련된 방식을 활용한다.

탁월성과 기회균등을 조화시키는 방법과 관련해서는 도전적인 문제가 항상 존재했다.[16] 각각의 개혁은 예기치 않은 결과를 낳았다.[17] 예를 들면, 표준화된 국가고사의 추진은 분명 수학과 과학의 능력 수준을 향상시킨다. 그러나 이는 불가피하게 가능한 한 많은 학생들을 합격시키기 위해 '시험을 위해 가르치는 것'을 우선시하는 결과를 낳는다. 결국 교사들은 창의적인 생각들을 방해하는 방식으로 표준화해서 가르치게 된다. 창의적인 집단 프로젝트는 다중 선택지나 간단한 답변을 통해 쉽게 테스트할 수 있는 성질의 것이 아니기 때문에 경시된다. 제한된 예산을 표준화된 영역의 시험을 대비해 사용해야 하기 때문에 현장학습을 위해 기금을 사용하는 것은 중단된다. 그리고 재능 없는 학생들이 국가시험에 낙제했다고 보고하기보다는 오히려 시험에 불참하도록 유인한다.

12학년 교육에서 가장 큰 문제는 가장 많이 공유된 창의적인 반응을 요구하는 문제로, 뛰어난 교사들을 모집하고 보유하는 것이다. 교사들은 더 많은 보수를 받을 필요가 있다.[18] 창의적인 정치 리더십은 특히

---

15 보다 자세한 것에 대해서는 다음을 보라. *Technically Speaking: Why All Americans Need to Know More about Technology*, ed. Greg Pearson and A. Thomas Young (Washington, DC: National Academy Press, 2002).

16 John W. Gardner, Excellence: *Can We Be Equal and Excellent Too?* (New York: Harper & Row, 1961).

17 J. Myron Atkin and Paul Black, *Inside Science Education Reform*, 150.

주나 연방정부의 수준에서 필요하다. 미국 대통령들은 각기 교육 리더가 되겠다고 주장했으나 지금까지 모든 대통령들은 교육 리더의 중요성을 국방부 예산처럼 진지하게 고려하지 않았다.

대학교수들은 가르치는 방법에 대해서, 창의성을 가르칠 때 창의적으로 자유롭게 가르칠 재량권이 있는 편이다. 심지어 그들은 자신들의 수업이 제한적인 통제가 불가피한 광범위한 프로그램 속에 통합될 때조차도 그들은 각 학기에 혁신해 나갈 신선한 기회를 부여받는다. 바로 하나의 실례로서 반데르빌트(Vanderbilt) 의과대학에서 신경 해부학을 가르쳤던 세포 생물학자 노덴(J. Norden)을 살펴보자. 심각하게 말하면, 그녀는 자기 학생들이 미국 의사고시와 국립의학검증자격시험을 학생들이 준비할 수 있게 하기 위해, '시험에 대해 가르쳐야' 했다. 그러나 1990년대에, 그녀는 학생들이 의학 분야의 인간적인 측면에 대해 준비가 되어 있지 않다는 사실을 알게 되었다. 특히, 학생들은 환자를 돕거나 환자의 가족들이 죽음에 대해 이해하도록 하는 데 어려움을 많이 겪었다. 교육과정은 매우 빠빡했으나, 그녀는 죽음에 관한 도덕적 문제를 그녀의 교과과정에 통합하는 방법을 찾아내었다. 예를 들면, 학생들로 하여금 과외로 더 많은 책을 읽게 함으로써 동정심을 서로 나누는 실전적인 기술을 가르친다거나, 죽음에 관한 개인적 입장을 밝히는 토론을 할 수 있도록 수업 시간을 할애해 주었다. 기술적인 문제와 도덕적인 문제를 창의적으로 통합함으로써, 그녀는 학생들이 "자신의 도덕성과 인간 조건의 허약함에 직면하도록 도왔으며, 사람이 죽는다는 현실, 그리고 존엄성과 평화로움을 갖추어 가족들과 사람들을 돕고 치유해야

---

18 Daniel Moulthrop, Ninive Clements Calegari, and Dave Eggers, *Teachers Have It Easy: The Big Sacrifices and Small Salaries of America's Teacher* (New York: New Press, 2005).

만 한다는 전문성에 직면하도록"[19] 도와주었다.

요약하면, 창의성은 과학적 연구를 수행할 때처럼 과학을 가르칠 때도 중요하다. 창의적인 가르침은 여러 형태를 띠며, 나는 단지 몇 가지만을 언급하였을 뿐이다. 예를 들면, 통속 과학 책을 써서 가르치거나, 세이건의 우주(*Cosmos*)와 브로노프스키(J. Bronowski)의 인간의 상승(*Ascent of Man*)과 같은 혁신적인 대중매체의 프로그램을 만들어 가르치는 것도 있다. 반면 연구의 창의성은 매우 높게 평가 받아 마땅하지만 교육의 과정에는 많은 장애물이 있다. 특히 부적합한 자원이나 낮은 임금 때문에 재능 있는 사람들이 다른 직업으로 발길을 돌리고 있다.

---

19 Ken Bain, *What the Best College Teacher Do* (Cambridge, MA: Harvard University Press, 2004), 90.

10
좋은 삶

창의성을 적절히 발휘하면, 창의성은 전문가가 자신의 분야에서 발견한 의미를 풍부하게 하고 인류 복지를 증진시키는 데 기여한다. 그리고 창의성을 오도하면, 창의성은 과학적 남용과 불완전한 기술을 낳게 한다. 이 주제는 좋은 삶에 대한 보다 광범위한 이슈와 연결되어 있다. 창의성이라는 이상은 좋은 삶과 어떤 관련이 있을까? 창의성은 개인적 삶에 어떤 영향을 끼치고 개인적 삶과 전문직 삶에 어떤 영향을 끼칠까? 창의성은 지혜와 어떤 연관이 있을까? 모든 것이 고려되었을 때 창의성은 과대평가된 것일까?

자신과 가정에 닥칠 위험

콜롬비아대학교의 교수인 레빈슨(D. J. Levinson)은 성인 발달 연구의 일환으로 수년 동안 10명의 생물학자들과 인터뷰했다. 그가 연구한 결과의 일부는 반즈(J. Barnes)라는 가명으로 발표되었다.[1] 12살의 나이

---

1 Daniel J. Levinson, *The Seasons of a Man's Life* (New york Ballantine Books, 1978), 67-68, 260-77.

에 반즈는 과학과 인류에 의미 있는 기여를 하고 싶은 마음에서 생화학자가 되기로 결심했다. 예일대학교에서 박사학위를 취득한 뒤 일찍이 종신교수 재직권을 획득한 콜롬비아대학교에서 교편을 잡았다. 그는 가족과 세상사에는 거의 관심을 두지 않고 연구실에서 오랜 시간을 보내며 성실히 일했다. 32세 되던 해 그는 한 주 동안 그의 나머지 연구기간에 발견한 것보다도 더 근본적인 발견을 하였다. 그 이후 잠시 교육행정 업무를 담당하기도 했지만(이때도 뛰어난 능력을 보임) 결국 창의적인 연구를 했던 연구실로 다시 돌아왔다.

반즈는 자신이 원하는 수준은 아니지만 전국적, 국제적 명성을 얻었다. 그는 어린 시절부터 생물학의 기반을 흔들고 노벨상을 받을만한 중요한 발견을 하는 꿈을 지니고 있었다. 40대 초반 그는 자신의 업적에 대해 환멸감을 느끼게 되었다. 그의 이상주의는 절망으로 변하였고 사람들을 혐오하게 되었다. "그는 세계를 구함으로써 불후의 명성을 얻는 영웅이 되고 싶어 했다. 이와 동시에 그는 세상을 파괴하거나 세상에서 도망치거나 세상이 자체적으로 파괴되도록 내버려두고 싶어 했다. 그는 인도주의적 관심을 강하게 가지고 있었으며 사회가 구할 가치가 있는지에 대해 의심도 했다."[2]

반즈의 이상주의는 이기주의와 엘리트주의 때문에 붕괴됐다. "난 그저 명성에 대한 강렬한 열망을 가지고 있었다. 나를 괴롭히는 상황에서 벗어날 수 없었다. …… 물론 그 상황은 성취된〔중요한 가치가 있는〕 어떤 것을 얻는 것이었다. 그러나 그 상황이 왜 중요할까? 그것은 동료들로부터 명성을 얻기 때문에 중요하다."[3] 그의 명성에 대한 집착이 완화

2 Levinson, *The Seasons of a Man's Life*, 275.

3 Levinson, *The Seasons of a Man's Life*, 172.

되기까지는 몇 년이 걸렸다. 그는 젊은 시절의 열망과는 일치하지 않았지만 자신의 일에서 새로운 만족을 발견했다. 그는 전문 분야에서 창의적인 노력을 기울임과 동시에 가족, 친구, 시민생활에의 참여가 의미의 일차적 원천이 되는 균형 있는 삶을 살았다. 그는 또한 학생을 가르치고 지도하며 행정직을 수행하며 이끄는 자신의 창의적인 공헌을 인식하게 되었다.

반즈 덕분에 우리는 과학적 창의성의 이상이란 진리와 이해에 대해 순수하게 고려하지 않는다는 것을 깨닫게 된다. 진리에 대한 헌신은 진정일 수 있으나 인정을 받고자 하는 강한 욕망을 포함한 여타의 목적과 동기와 혼합될 수 있다. 혼합된 동기는 비록 그 동기들이 전문적인 부정행위를 일으킬 수 있을지라도(제6장), 헌신을 강화함으로써(제4장) 바람직하게 될 수 있다. 그리고 개인들이 전문적 통합성을 유지하려 해도, 창의적인 사람이 되고자 하는 과도한 열망은 자신과 가족들에게 해로운 영향을 끼칠 수 있다고 반즈는 설명했다.

직업생활 초년병 시절, 그는 가족에게 큰 고통을 주었다. 십년을 같이 산 아내가 그를 떠나 다른 남자에게 가버렸을 때 망연자실했다. 그녀는 종종 반즈에게 감정이 부족하다고 불평했지만 그는 심각한 문제가 아니라고 생각했다. 그러한 가족 문제들은 전문직 윤리의 관점을 넘어선 것으로 이해되지만 확실히 그것은 전문가들의 좋은 삶에 직접적으로 관련이 있다.

가드너(H. Gardner)는 아인슈타인과 피카소와 같이 특별한 능력을 지닌 창의적인 사람들에 대한 연구에서 개인적 삶과 전문직 삶의 상호작용을 중요하게 고려했다. 가드너는 그들이 "자신들의 재능을 유지하기 위해 기본적으로 미신에 사로잡히고 비합리적이며 강박관념에 휩싸인 행동을 하거나 실천했다"[4]는 것을 알고 충격을 받았다. 대부분의 예를 통해 이런 행동들은 일반적인 인간관계를 희생시키고 자신을 지탱해주는 우정을 앗아가며 부인과의 성관계를 포기하게 만든다. 예를 들면, 아인슈타인은 그의 가족과 떨어져 지냈고 혼외정사 문제로 시련을 겪었으며 친구들과 시간을 보내기보다는 일에 더 많은 시간을 보냈다. 그러나 그는 사회 정의에 대해서는 깊은 관심을 가졌다. 그는 자신의 이런 인성에 대해 잘 알고 있었다.

> 사회 정의와 사회적 책임에 대한 나의 열정적인 관심은 사람들과의 직접적인 교제 욕망의 부족과 심각한 대립각을 유지한 채 항상 존재한다. …… 그러한 고립은 때때로 가혹하지만 나는 다른 사람으로부터 이해와 동정을 받지 못한 것에 대해 후회하지 않는다. 그리고 나는 인습, 견해, 다른 사람들의 편견에 의존하지 않으면서 그 고립을 보상받고 있다. 나는 그러한 흔들리는 토대에 나의 마음을 의지하고 싶지 않다.[5]

고귀한 목적을 위해 자기를 희생하는 창의적인 개인은 그로 인해 피해를 본 사람들에게는 조금 더 거만한 이기주의 성향으로 보일 것이다. 관찰자의 입장에서 우리는 다른 개인들이 가족을 희생시켜 창의적인 사람이 되고자하면 너그럽게 대하지 않을 것이다. 특히 우리는 아무리 창의적인 사람들이라고 하더라도 자녀를 방치하거나 아내를 학대하면 그러한 지나친 행위에 대해 문제를 삼을 것이다.

레빈슨이 연구를 수행한 이후로 과학의 모든 분야에서 여성의 등장은 대단한 발전이다. 그 변화는 남자들에게 영향을 줄 뿐만 아니라 이에

---

4 Howard Gardener, *Creating Minds* (New York: Basic Books, 1993), 386.

5 Albert Einstein, 가드너의 *Creating Minds*의 131에서 재인용.

따라 개인적 삶과 전문적 삶의 균형, 가정 책임의 공유에 큰 관심을 기울이게 된다. 이런 변화에 대한 일반화는 고정관념을 강화할 위험이 있지만 사회학자 골드버그(P. Goldberg)는 조심스럽게 이렇게 설명한다.

> 조직이 전형적으로 제공하는 보상(높은 급여, 권위 상승, 신분 상승, 더 많은 기회 보장)은 많은 여성들이 가장 필요하고 중요하다고 생각하는 것을 반드시 반영하고 있는 것은 아니다. 반대로 여성들이 보상이라고 생각하는 것은 협력, 직장의 지원, 삶의 질, 전문적 삶과 개인적 삶의 보다 나은 접합이며, 이러한 것들은 전통적인 보상과 이익에는 거의 포함되지 않는 것이다.[6]

골드버그는 대학과 회사가 집단으로서 아동 양육을 일차적으로 책임지고 있는 재능 있는 여성을 채용하고 유지하기 위해 보다 지원적인 방식을 개발하는 것처럼, 의미 있게 계속 변화하고 있다는 것을 강조한다. 가장 필요한 것은 좋은 삶에서 전문가와 가족의 상호작용을 고려하는 지원적 구조를 개발하는 것이다.

좋은 삶과 자기실현

다른 분야와 마찬가지로 과학에서도 완전히 좋은(바람직한) 삶은 도덕적으로 훌륭하고 의미 있고 행복한 것이다. 첫째, 모든 인간이 고유한 도덕 가치를 가지고 있지만, 모든 삶의 방식이 도덕적으로 바람직한 것

---

6 Phyllis Goldberg, "Creeping Toward Inclusivity in Science," in *Women in Science and Engineering: Choices for Success*, ed. Cecily Cannan Selby (New York: New York Academy of Sciences, 1999), 10.

은 아니다. 좋은 삶은 정직과 정의와 같은 일반적인 도덕성의 원리의 관점에서 도덕적으로 훌륭하다. 또한 좋은 삶은 개인적인 도덕적 헌신과 전문직의 탁월성을 추구하는 것과 같은 이상의 관점에서 도덕적으로 훌륭하다. 케케스(J. Kekes)는 좋은 삶이란 "개인적 만족과 도덕적 책무를 결합하는 것이다. 개인적 만족은 개인적 탁월성의 이상을 반영하는 식으로 프로젝트에 참여하는 것에서 생긴다. 그리고 도덕적 책무는 도덕성의 보편적, 사회적, 개인적 요소와 조화를 이루는 것이다"[7]고 요약했다.

둘째, 삶은 정당화된 가치에 뿌리를 둔 의미감각(a sense of meaning)에 따라 활기차게 살아갈 때 의미가 있다. 주관적으로, 의미감각은 다양한 삶의 과정에 참여함으로써 분명하게 드러나며, 일련의 가치에 의해 지도되고 가치 있는 것을 확신하게 한다. 객관적으로, 의미 있는 삶은 이러한 가치와 노력이 정당화되고 바람직하다는 것을 함축한다.[8] 비록 모든 사람의 삶이 가치가 있을지라도 모든 삶이 의미감각으로 가득 차 있는 것은 아니다. 죽은 신생아, 알츠하이머 질환과 같은 정신적 장애를 가진 성인, 그리고 심각한 장애를 입은 개인들은 의미감각이 존재할 수 없다.

과학적 창의성은 과학적 발견과 기술적 디자인의 관점에서 이해되는 일련의 특정 이상들(ideals)과 관련이 있다. 그러나 이런 이상들은 의미 있는 삶에 기여하는 더 넓은 창의성의 이상을 보여주고 있다. 특히 19세기 낭만주의 시대 이후로 창의성은 개인주의의 핵심 요소로 간주되

---

7 John Kekes, *The Art of Life* (Ithaca, NY: Cornell University press, 2002), 5.

8 Susan Wolf, "Happiness and Meaning: Tow Aspects of the Good Life," in *Self-Interest*, ed. Ellen Frankel Paul, Fred D. Miller, Jr., and Jeffrey Paul (New York: Cambridge University Press, 1997), 209 참조.

었다. 그래서 아놀드(M. Arnold)는 창의력을 발휘하고 자유롭게 창의적인 활동을 하는 것이 분명 인간의 진정한 기능이라고 생각했다.[9] 그의 글에 따르면, 니체는 창의성을 일차적 덕으로 찬양했다. 밀(J. S. Mill) 역시 개성과 행복을 추구할 때 "사고와 행동의 독창성"을 찬양했다.[10] 그리고 셰익스피어는 핵심 아이디어를 가장 강력하게 표현했다. "무엇보다도 네 자신에 충실하라."[11]

진정성은 창의성과 개성의 결합을 말하는 현대의 개념이다. 테일러(C. Taylor)가 정교화 한 것처럼, 진정성은 "우리 각자가 인간됨의 독창적인 방식을 가지고 있다"는 관념이다. 만약 내가 내 자신과 독창성에 충실하지 못하면 "나는 내 삶의 중요한 부분을 놓치게 되고 나의 인간됨을 놓치게 된다."[12] 테일러는 당연히 진정성을 방종과 자기탐닉으로 환원시키는 "주관주의에 빠지는 것"을 거부한다. 적합하게 이해하면, 진정성은 우리 삶에 '의미의 지평(horizon of significance)'을 제공하는 객관적으로 옹호할만한 가치에 기반을 두고 있다.[13] 과학자에게 이러한 가치는 지적 덕과 특히 새롭고 가치 있는 것을 발견하거나 발명하는 것으로 이해되는 창의성을 포함한다.

우리가 창의성을 중요시하는 한, 우리는 우리의 재능을 확인하고 육

---

9 Matthew Arnold, "The Function of Criticism at the Present Time." John Hope Mason, *The Value of Creativity: The Origins and Emergence of a Modern Belief* (Burlington, VT: Ashgate, 2003), 198에서 재인용.

10 John Stuart Mill, *On Liberty* (Indianapolis, IN: Hackett Publishing, 1978), 55, 62. Mill은 Wilhelm von Humboldt를 인용하고 승인함.

11 William Shakespeare, *Hamlet*, Act I, Scene III.

12 Charles Taylor, *The Ethics of Authenticity* (Cambridge, MA: Harvard University press, 1992), 29. 그리고 Lionel Trilling, *Sincerity and Authenticity* (Cambridge, MA: Harvard University Press, 1971)을 보라.

13 Charles Taylor, *The Ethics of Authenticity*, 66.

성할 필요가 있다.[14] 종종 우리는 다양한 재능을 가지고 있다. 그 재능들이 모두 필요한 일반적인 도덕 요소란 없다. 그리고 그 재능들 중에는 우리가 개발하는 데 관심을 두지 않는 것도 있다. 진정성은 자기실현을 이루기 위해 어떤 재능을 선택하고 할 때 선택을 안내하는 주도적인 가치다. 우리들 각자는 우리의 "진정한 자기"란 무엇인지 발견해야 하고, 과학에서의 발견이 개인 관련, 집단 관련, 또는 역사 관련의 창의성을 포함할 수 있다는 것을 발견해야 한다.

셋째, 완전히 좋은 삶은 행복한 삶이다. 행복(happiness)은 우리의 삶 전반에 대해 만족한다는 의미에서 주관적인 잘 삶(well-being)이다. 잘 삶의 의미에 충실한 삶은 전형적으로 우리의 기본적 삶이 우리 기대를 충족시키고 있다는 긍정적인 평가에 근거하고 있다.[15] 이 만족은 수동적인 만족이나 지속적인 기쁨을 필요로 하지 않는다. 그리고 그것은 보통 그러하지 않는다. 대부분의 우리에게 있어 만족은 높은 수준이든 낮은 수준이든 다양하고 변화무쌍한 감정을 포함하는 창의적인 삶을 통해 발견된다.

플라톤으로부터 철학자들은 좋은 삶에 끼친 행복의 공헌에 대해 연구하였고 오늘날 소위 긍정심리학자들은 그 주제에 대해 광범위하게 연구하고 있다.[16] 우리의 전문적 삶이든 개인적 삶이든 행복을 찾는 것이 애매할 수 있다고 우리 모두는 동의한다. 행복의 역설에 의하면, 행복을 직접적으로 추구하는 것은 바로 자기파멸(self-defeating)이 될 수

---

14 D. Shekerjian, *Uncommon Genius*, (New York: Penguin Books, 1990), 1.

15 L. W. Sumner, *Welfare, Happiness, and Ethics* (Oxford: Clarendon Press, 1996), 145-46.

16 예를 들면, Martin E. P. Seligman, *Authentic Happiness* (New York: Free Press, 2002); and Jonathan Haidt, *The Happiness Hypothesis* (New York: Basic Books, 2006).

있다. 그 대신 우리는 고유하게 가치 있다고 발견한 노력과 관계를 추구해야 한다. 그러면, 행운과 함께 행복은 그 부산물로 찾아올 것이다.[17] 이 역설에 담긴 통찰력에도 불구하고 우리는 노력과 관계가 우리의 행복에 공헌할 것이라고 믿기 (혹은 희망하기) 때문에, 사실 우리는 그것들 대다수를 선택한다.

이런 목적을 위해 엘리언은 과학을 직업으로 선택하는 것에 관해 겸손하게 가치 있는 조언을 한다. "가장 행복함을 느끼는 분야를 택하라. 직업을 사랑하는 것보다 더 나은 것은 없다." 그녀는 행복은 어떤 일이 끝나는 지점보다는 그 과정에서 찾아온다는 말도 덧붙인다. "자신을 위해 목표를 세워라. 비록 그 목표가 '불가능한 꿈' 일지라도 그 꿈을 향한 각 단계에서 성취감을 느낄 수 있을 것이다. 마지막으로 …… 끈기를 가져라. 다른 사람들 때문에 낙담하지 말고 너 자신을 믿어라."[18] 그녀를 행복하게 만든 것이 고통을 완화시키는 데 도움을 주는 마음이라면, 그녀의 충고는 주목할만하다.

우리가 가장 잘하는 것과 우리를 가장 흥미 있게 하는 것은 항상 같지는 않다. 이러한 생각을 한 지워스(A. Gewirth)는 자기실현의 두 가지 개념과 그에 상응하는 행복의 두 가지 개념을 구별한다.[19] "열망의 실현"은 우리의 강한 욕구를 추구하는 것이다. 따라서 행복은 우리가 가장 깊이 관심을 가지고 있는 것을 추구하는 것이다. 반대로 "역량의 실현"은 우리의 최고의 재능과 역량을 펼치는 것이다. 따라서 행복은

17 John Stuart Mill, *Autobiography* (New York: Penguin, 1989 [1873]), 117-18.

18 Gertrude Elion, "Personal Reflections," in *Women in Science and Engineering Choices for Success*, ed. Cecily Cannan Selby (New York: New York Academy of Sciences, 1999), 18.

19 Alan Gewirth, *Self-Fulfillment* (Princeton, NJ: Princeton University Press, 1998), 14-15, 23, 59.

우리의 가장 가치 있는 재능과 능력을 개발하는 것이다. 지워스는 두 가지 종류의 실현과 행복이 중요하다고 믿지만, 그는 갈등 상황에서는 역량의 실현을 더 중요하게 생각했다. 엘리언과 같은 다른 사람들은 가장 관심을 두는 것을 발견하고 추구하는 것이 일차적으로 중요하다고 강조하고, 그 발견과 추구가 도덕적 허용 가능성의 범위 내에 있다고 생각한다.[20] 좋은 삶을 추구하기 위한 지혜(삶의 예술에서의 실천적 이해)는 우리의 가장 강한 욕구와 가장 뛰어난 재능을 성공적으로 통합시키고자 할 때도 필요하다.

지혜와 균형

모든 것들을 고려해보건대, 창의성은 과대평가되었을까? 메이슨(J. H. Mason)은 『창의성의 가치』(*The Value of Creativity*)에서 우리는 사회 속에서 창의성에 대해 극단적으로 미화하는 경향이 있다고 주장하였다. 그는 예술적인 창의성에 초점을 맞추지만 자신의 결론이 과학 등의 다른 형식에 있어서의 창의성에도 적용이 가능함을 암시한다. 기술의 지속적인 발전이나 예술의 자유에 대한 확대 때문이든 지구촌 자본주의가 야기한 "창의적인 파괴" 때문이든 우리는 "과거와의 지속성이라는 대지(*terra firma*)로부터 멀어지고 있으며 이를 연결하기 위한 밧줄을 어디에서 찾아야 할지는 거의 알지 못하고 있다."[21] 우리는 훨씬 더 큰 관점을 가질 필요가 있는데, 이는 한계를 설정하는 것과 삶의 유한성 그리고 상호의존성에 대한 감각과 관련된 것이다. 끝으로 우리는 "창조

20 Harry G. Frankfurt, *The Reasons of Love* (Princeton: Princeton University Press, 2004), 6, 14.

21 Mason, *The Value of Creativity*, 235.

자(creator)만큼(아마 그 이상으로) 큐레이터(curater)의 가치를 평가해야 한다." 그래서 "우리의 최고의 미학적 열망이 단지 영웅적인 개인의 성취(예를 들면, 반 고흐의 풍경화)로 끝나지 않고, 오히려 다소 미묘한 자연과의 대화(예를 들면, 일본식 정원)로 이어져야 한다."[22] 창의성은 중요하지만 무엇이 정말 가치 있는 것인지를 평가하고 보존하는 것이 더욱 중요하다.

이에 응답하여 우리는 메이슨이 제약을 가하고자 하고 계몽적 차원에서 소중히 여기자고 주장하는 것이 창의성의 확언과 양립할 수 있고 창의성과 융합될 수 있음에 동의한다. 창의성은 변화무쌍하고 다차원적이다. 메이슨의 비유를 달리 말하면, 반 고흐의 풍경화와 일본식 정원에 창의성이 분명하게 드러나 있다. 그리고 창의성은 환경을 보전하고 개조할 때도 똑같이 요구된다. 우리는 창조자와 큐레이터를 비교하는 것보다 큐레이터의 창의성을 가치 있게 여겨야 한다. 큐레이터에는 교사, 과학박물관 감독관, 환경 보존주의자들이 포함된다. 우리는 또한 탁월성에 대한 가치 있는 전통을 보존하고 확장하는 것이 창의성이라고 생각해야 한다. 그리고 좋은 삶과 좋은 사회를 지원하는 방향에서 과학기술의 창의성이 발전해야 한다. 요약하면, 우리는 창의성이 발휘되는 방식에서 더 좋은 지혜를 얻기 위해 메이슨의 창의성에 대한 비판을 검토할 필요가 있다.

지혜는 균형 있고 전체적이며 심오한 방식으로 좋은 삶을 살고자 할 때 현명한 판단력을 발휘하는 덕이다.[23] 지혜는 자기지식, 자기숙달, 실천적 경험, 가능한 것에 대한 실재론, 선의 성취 능력에 대한 겸손을 기

22 Mason, *The Value of Creativity*, 235.

23 Mary Midgley, *Wisdom, Information, and Wonder: What Is Knowledge For?* (New York: Routledge, 1989), 4.

반으로 한다. 지혜는 또한 선의 기회를 추구하는 과정에서 상상력과 대담함을 통해 드러날 수도 있다. 전형적으로 지혜는 가치와 사실, 이상과 현실의 합리적인 통합을 통해 드러난다. 도덕적 가치들은 다양하고 종종 서로 갈등하며, 다른 유형의 가치들과 갈등을 일으킨다. 존 듀이가 말했듯이, 지혜는 창의적인 지능으로서 경쟁적인 가치를 조화시켜 도전에 합리적으로 반응하도록 하는 데 필요한 것이다.[24]

지혜는 우리가 삶의 수단으로 삼는 가치를 검토할 때 이차적인 덕으로 기능한다.[25] 그러한 지혜가 있기 때문에 우리는 좋은 습관을 강화하고 나쁜 습관은 줄여 인격을 개발할 수 있다. 또한 지혜는 우리의 무수한 노력들의 균형을 유지하고 전문적 삶과 개인적 삶을 통합시킬 때 현명한 판단으로서 작용한다. 반즈는 성인 초기 이러한 지혜가 부족했다. 그는 중년이 되어 절망에서 벗어나 이런 지혜를 터득했다. 중년의 그는 전문적인 직업활동과 가족이나 다른 이들과의 관계가 균형을 이루도록 하는 방법을 제대로 터득할 수 있었다.

스턴버그는 지혜와 창의성의 관계에 대해 광범위하게 연구했다. 그는 공동선을 증진시키는 가치에 따라 삶을 살아갈 때 그 균형을 유지하는 것을 지혜라고 정의한다.[26] 균형이 필요한 일에는 우리의 이익관심,

---

24 John Dewey, *Human Nature and Conduct* (New York: Modern Library, 1957 [1922]), 182.

25 John Kekes, *Moral Wisdom and Good Lives* (Ithaca, NY: Cornell University Press, 1995), 9.

26 Robert J. Sternberg, *Wisdom, Intelligence, and Creativity Synthesized* (New York: Cambridge University Press, 2003), 152, 155–56. 또한 Robert J. Sternberg, "Wisdom and Its Relations to Intelligence and Creativity," in *Wisdom: Its Nature, Origins, and Development*, ed. Robert J. Sternberg (New York: Cambridge University Press, 1990), 142–59을 보라.

장단기 목표, 행동의 상황에 대한 경쟁적 요구, 그리고 타인의 요구와 권리들이 포함된다. 실행 가능한 지혜 개념을 개발하고자 할 때 스턴버그는 지혜의 6가지 특징을 제시한다. 추론능력, 총명함, 관념과 환경으로부터의 학습, 판단력, 정보의 신속한 사용능력, 그리고 통찰력이 그것이다. 다음으로 그는 각각의 특징에 대한 탐구를 용이하게 하는 조작적 준거를 세세히 지정했다. 예를 들면, 총명함의 준거는 다음과 같다. "다른 사람들에 대해 관심을 보여라. 충고를 귀담아 들어라. 다양한 사람들과의 만남을 통하여 사람들을 이해하라. 다른 사람으로부터 항상 배울 수 있다고 느껴라. 자신을 가장 잘 알고 있어라. 사려 깊게 생각해라. 공정해라. 남의 말을 경청하라. 실수를 인정하고 그 실수를 고치며 배우는 것을 두려워하지 말라. 이슈의 모든 측면들에 귀를 기울여라."[27]

스턴버그는 창의성에 대한 준거의 또 다른 목록을 개발한 이후 다양한 개인들의 사례를 통해 창의성과 지혜의 관계에 대해 연구했다. 그는 과학자든 일반 사람이든 창의성과 지혜가 크게 관련이 없다는 것을 발견했다. 한 가지 관점에서 창의성과 지혜는 부정적인 관계에 있다. "지혜로운 사람은 세상 경험을 보존하는 사람으로 인식되는 반면 창의적인 사람은 그러한 경험에 대항하는 사람으로 인식된다."[28]

비록 창의성이 지혜를 함의하지는 않을지라도, 스턴버그는 특히 해결방법이 분명하지 않은 문제를 해결할 때 창의성이 보통 지혜의 일부가 된다고 믿었다.[29] 이러한 해결을 위해서는, 경쟁적인 도덕적 이유와 가치가 균형 및 통합을 이루도록 하는 가치 있고 새로운 방식을 발견하고자 할 때는 정당한 판단이 요구된다. 따라서 우리는 첨단 연구 분야에

---

27 Sternberg, *Wisdom, Intelligence, and Creativity Synthesized*, 178-79.

28 Sternberg, *Wisdom, Intelligence, and Creativity Synthesized*, 180.

29 Sternberg, *Wisdom, Intelligence, and Creativity Synthesized*, 152.

서 고도로 전문화된 문제해결사보다 창의적인 교사와 지도자 속에서 도덕적 지혜를 발견할 가능성이 더 클 것이다.[30] 창조자만큼 큐레이터의 가치를 인정할 것을 요청한 메이슨의 뜻에 부응하여, 스턴버그는 교육의 모든 수준에서 창의성이나 지식과 함께 지혜를 가르칠 것을 주장했다.

스턴버그가 강조한 바와 같이, 지혜에는 여러 준거들이 있는데 이 준거들 중 일부는 다른 준거들이 없을 때 제시되기도 한다. 사실 노직(R. Nozick)은 항상 완벽히 균형을 이루고 분별력이 있지 않는 곳에도 지혜가 존재할 수 있다고 주장한다. "완벽하게 균형과 조화를 이룬 판단은 청년들이 강렬하게 자신들의 불완전한 열정과 거대한 열망을 추구하지 못하도록 할 것이다. 그들의 열정과 열망은 강렬한 경험과 큰 업적을 낳게 한다."[31] 다른 분야와 마찬가지로 과학 분야도, 지혜란 어떤 집중된, 심지어 구획화된 방식으로 대단한 열정을 추구하는 지식이고, 그런 추구와 다른 시기에 다른 헌신을 균형 있게 만드는 방법이며, 맨해튼 프로젝트 동안 파인먼(R. Feynman)이 자신의 구획화된 열정에 대해서 반성한 것에 답한 코멘트다.

결국 과학에서 지혜와 창의성을 연결하지 않는 것이 요즘의 상식이다. 주지하는 바와 같이, 창의적인 과학자들이 우리의 모든 문제를 해결할 수 있다고 생각하는 시대는 지났다. 만일 있다면, 현재의 문제는 과학자의 공헌을 과소평가하는 데 있다. 적어도 1960년대 후반 이후 과학기술은 문화의 발전과 문화의 파괴라는 야누스의 두 얼굴처럼 이해되고 있다.[32] 과학에 대한 신념과 그것을 가능하게 하는 창의적 이상을 복

30 Sternberg, *Wisdom, Intelligence, and Creativity Synthesized*, 158.

31 Robert Nozick, *The Examined Life* (New York: Simon and Schuster, 1989), 278.

32 Levinson, *The Seasons of a Man's Life*, 273 참조.

원하고자 할 때 과학적 창의성에 대한 지혜는 이러한 도덕적 애매성을 고려해야 할 것이다.

참고문헌

Adams, James L. *Conceptual Blackbusting: A Guide to Better Ideas*. 4th ed. Cambridge, MA: Perseus Publishing, 2001.

Adams, Robert. "Motive Utilitarianism." *Journal of Philosophy* 73 (1976): 467–81.

Adler, Jonathan E. *Belief's Own Ethics*. Cambridge, MA; MIT Press, 2002.

Aguilar, Francis J. *Managing Corporate Ethics*. New York: Oxford University Press, 1994.

Albert, Robert S., ed. *Genius and Eminence*, 2nd. New York: Pergamon Press, 1992.

Alcoholics Anonymous. New York: Alcoholics Anonymous World Services, 1976.

Allen, Barry. "Forbidding Knowledge." *The Monist* 79, no. 2 (1996): 294–310.

Andre, Judith. "Nagel, Williams, and Moral Luck." pp. 123–29 in *Moral Luck*, edited by Daniel Statman. Albany: State University of New York Press, 1993.

Andreasen, Nancy C. *The Creating Brain*. New York: Dana Press, 2005.

Arianrhod, Robyn. *Einstein's Heroes: Imagining the World Through the

Language of Mathematics. New York: Oxford University Press. 2005.

Aristotle. *Nicomachean Ethics*, trans. W. D. Ross. pp.927–1112 in *Basic Works of Aristotle*, ed. Richard McKeon. New York: Random House, 1941.

Ascheron, Claus, and Agela Kickuth. *Make Your Mark in Science: Creativity, Presenting, Publishing and Patents*. Hoboken, NJ: John Wiley and Sons, 2005.

Atkin, J. Myron and Paul Black. *Inside Science Education Reform: A History of Curricular and Policy Change*. New York: Teachers College, Columbia University, 2003.

Austin, James H. *Chase, Chance, and Creativity*. Cambridge, MA: MIT Press, 2003.

Auyang, Sunny Y. *Engineering — An Endless Frontier*. Cambridge, MA: Harvard University Press, 2004.

Baer, J. "Domains of Creativity." pp. 591–96 in *Encyclopedia of Creativity*, ed. Mark A. Runco and Steven R. Pritzker, San Diego: Academic Press, 1999.

Bain, Ken. *What the Best College Teacher Do*. Cambridge, MA: Harvard University Press, 2004.

Barbour, Ian. *Ethics in an Age of Technology*. New York: HarperCollins, 1993.

Barton, Angela Calabrese. *Teaching Science for Social Change*. New York: Teachers College Press, Columbia University, 2003.

Bateson, Mary Catherine. *Composing a Life*. New York: Plume, 1990.

Bernstein, Jeremy. *The Merely Personal: Observations on Science and Scientists*. Chicago: Ivan R. Dee, 2001.

Beveridge, W. I. B. *The Art of Scientific Investigation*. New York: Vintage Books, 1957.

Bird, Alexander. *Thomas Kuhn*. Princeton, NJ: Princeton University Press, 2000.

Bird, Kai and Martin J. Sherwin. *American Prometheus: The Triumph and Tragedy of J. Robert Oppenheimer*. New York: Alfred A. Knofp, 2005.

Bishop, J. Michael. *How to Win the Nobel Prize*. Cambridge, MA: Harvard University Press, 2003.

Boden, Margaret A. *The Creative Mind*. 2nd ed., New York: Routledge, 2004.

Bohm, David. *On Creativity*. New York: Routledge, 1996.

Bohm, David, and F. David Peat. *Science, Order, and Creativity*. 2nd ed. New York: Routledge, 2000.

Bok, Derek. *Universities in the Marketplace: The Commercialization of Higher Education*. Princeton, NJ: Princeton University Press, 2003.

Brady, Michael, and Duncan Pritchard, eds. *Moral and Epistemic Virtues*. Malden, MA: Blackwell, 2003.

Broad, William, and Nicholas Wade. *Betrayers of the Truth*. New York: Simon & Schuster, 1982.

Bronowski. *Science and Human Values*. New York: Harper and Row, 1965.

Brown, Laurie M., and John S. Rigden. eds. *"Most of the Good Stuff": Memories of Richard Feynman*. New York: Springer Verlag, 1993.

Bucciarelli, Louis L. *Designing Engineers*. Cambridge, MA: MIT Press, 1994.

Burns, James MacGregor. Forward to *Ethics, the Heart of Leadership*, 2nd. ed., edited by Joanne B Ciulla. Westport, Conn. Praeger, 2004.

_____. *Leadership*. New York: Harper and Row, 1978.

Bush, Vannevar. *Science — The Endless Frontier*. Washington, D.C.:

NSF, 40th anniversary ed. 1990.

Butler, Samuel. *Erewhon*. New York; New American Library, 1960 [1872].

Bystydzienski, Jill M., and Sharon R. Bird, eds. *Removing Barriers: Women in Academic Science, Technology, Engineering, and Mathematics*. Bloomington: Indiana University press, 2006.

Cajal, Santiago Ramon y. *Advice for a Young Investigator*, trans. Neely Swanson and Larry W. Swanson, Cambridge, MA: MIT Press, 1999.

Card, Claudia. *The Unnatural Lottery: Character and Moral Luck*. Philadelphia: Temple University Press, 1996.

Castel, Boris, and Sergio Sismondo. *The Art of Science*. Ontario, Canada: Broadview Press, 2003.

Chandrasekhar, S. *Truth and Beauty: Aesthetics and Motivations in Science*. Chicago: University of Chicago Press, 1987.

Charles, Daniel. *Master Mind: The Rise and Fall of Fritz Haber, the Nobel Laureate Who Launched the Age of Chemical Warfare*. New York: HarperCollins, 2005.

Chawkins, Steve. "The Baffling Descent of a Nobel Prize Winner. *Los Angeles Times* (August 13, 2005), B1, B7.

Chomsky, Noam. *The Backroom Boys*. London: Fontana/Collins, 1973.

Ciulla, Joanne B. *The Working Life: The Promise and Betrayal of Modern Work*. New York: Times Books, 2000.

Code, Lorraine. *Epistemic Responsibility*. Hanover, NH; University Press of New England, 1987.

Coler, Myron A., ed. Essays on *Creativity in the Science*. New York: New York University Press, 1963.

Collins, Jim and Jerry I. Porras. *Built to Last*. New York: Collins Business, 2002.

Collins, Mary Ann, and Teresa M. Amabile. "Motivation and Creativity."

pp. 297–312 in *Handbook of Creativity*, edited by Robert J. Sternberg. New York: Cambridge University Press, 1999.

Crick, Francis. *What Mad Pursuit: A Personal View of Scientific Discovery*. New York: Basic Books, 1988.

Cropley, A. J. *More Ways than One: Fostering Creativity*. Norwood, NJ: Albex, 1992.

Cropper, William H. *Great Physicists*. New York: Oxford University Press, 2001.

Csikszentmihalyi, Mihaly. *Creativity*. New York: Harper Collins, 1996.

_____. *Flow: The Psychology of Optimal Experience*. New York: Harper Perennial, 1990.

Csikszentmihalyi, Mihaly and R. Keith Sawyer. "Creative Insight: The Social Dimension of a Solitary Moment." pp. 329–63 in *The Nature of Insight*, edited by R. J. Sternberg and J. E. Davidson, Cambridge, MA: MIT Press, 1995.

Cua, A. S. *Dimensions of Moral Creativity*. University Park: Pennsylvania State University Press, 1978.

Curd, Martin, and J. A. Cover. eds. *Philosophy of Science: The Central Issues*. New York: W. W. Norton and Company, 1998.

Curie, Eve. *Madame Curie*, trans. Vincent Sheean, New York: Doubleday, Doran & Company, 1983.

Darwin, Charles. *The Autobiography of Charles Darwin*, ed. Nora Barlow, New York: W. W. Norton, 1958.

Davis, Michael. "Some Paradoxes of Whistleblowing," *Business and Professional Ethics Journal* 15 (Spring 1996): 3–19.

Dawkins, Richard. *Unweaving the Rainbow: Science, Delusion and the Appetite for Wonder*. Boston: Houghton Mifflin, 1998.

DeGeorge, Richard T. "Ethical Responsibilities of Engineers in Large Organizations." *Business and Professional Ethics Journal* 1 (Fall

1981) : 1–14.

Derry, Gregory N. *What Science Is and How It Works*. Princeton, NJ: Princeton University Press, 1999.

DePaul, Michael, and Linda Zagzebski. eds. *Intellectual Virtue*. Oxford: Clarendon Press, 2003.

Desmond, Adrian and James Moore. Darwin. New York: W. W. Norton, 1991.

Dewey, John. *Human Nature and Conduct*. New York: Modern Library, 1957[1922].

Dickenson, Donna. *Risk and Luck in Medical Ethics*. Cambridge: Polity Press, 2003.

Dirac, Paul. "The Evolution of the Physicist's Picture of Nature." *Scientific American* 208, no. 5 (1963) : 45–53.

Djerassi, Carl. *Cantor's Dilemma*. New York: Penguin Books, 1989.

Doris, John M. *Lack of Character: Personality and Moral Behavior*. New York: Cambridge University Press, 2002.

Driscoll, D., and W. M. Hoffman. "From Volumes to Three Words: Texas Instruments." pp. 623–28 in *Business Ethics*, ed. W. M. Hoffman, R. E. Frederick, and M. S. Schwartz, Boston, MA: McGraw-Hill, 2001.

Duncan, David Ewing. *Masterminds: Genius, DNA, and the Quest to Rewrite Life*. New York: Harper Perennial, 2005.

Einstein, Albert. *The World as I See It*, trans. Alan Harris. New York: Philosophical Library, 1949.

Eldridge, Niles. *Darwin: Discovering the Tree of Life*. New York: W. W. Norton, 2005.

Elion, Gertrude B. "Personal Reflections." pp. 16–18 *in Women in Science and Engineering: Choices for Success*, edited by Cecily Cannan Selby, New York: New York Academy of Sciences, 1999.

Elliott, Deni, and Judy E. Stern. eds. *Research Ethics*. Hanover, NH: University Press of New England, 1997.

Engler, Gideon. "Aesthetics in Science and in Art." *British Journal of Aesthetics*, 30, no. 1 (1990): 24–33.

Farmelo, Graham, ed. *It Must Be Beautiful: Great Equations of Modern Science*. London: Granta Books, 2003.

____. "Einstein and the Most Beautiful Theories in Physics." International *Studies in the Philosophy of Science* 16, no. 1 (2002): 27–37.

Feist, Gregory J. "The Influence of Personality on Artistic and Scientific Creativity." pp. 273–296 in *Handbook of Creativity*, ed. Robert J. Sternberg. New York: Cambridge University Press, 1999.

Ferguson, Eugene S. *Engineering and the Mind's Eye*. Cambridge, MA: MIT Press, 1992.

Fesmire, Steven. *John Dewey and Moral Imagination*. Bloomington: Indiana University Press, 2003.

Feyerabend, Paul K. *Against Method: Outline of Anarchistic Theory of Knowledge*. Atlantic Highlands, NJ: Humanitics Press, 1975.

Feynman, Richard P. *The Pleasure of Finding Things Out*. Cambridge, MA: Perseus, 1999.

____. *Surely You're Joking, Mr. Feynman!* New York: Bantam, 1986.

Flanagan, Owen. *Varieties of Moral Personality: Ethics and Psychological Realism*. Cambridge, MA: Harvard University Press, 1991.

Florman, Samuel C. *The Existential Pleasures of Engineering*. 2nd ed. New York: St. Martin's Griffin, 1994.

Fogler, H. Scott and Steven E. LeBlnac. *Strategies for Creative Problem Solving*. Upper Saddle River, NJ: Prentice Hall, 1995.

Frankfurt, Harry G. *The Reasons of Love*. Princeton, NJ.: Princeton University Press, 2004.

Gabor, Andrea, *Einstein's Wife*. New York: Viking, 1995.

Gardner, Howard. *Creating Minds*. New York: Basic Books, 1993.

_____. *Leading Minds*. New York: Basic Books, 1995.

Gardner, John W. *Excellence: Can We Be Equal and Excellent Too?* New York: Harper and Row, 1961.

_____. *Self-Renewal*. New York: Harper and Row, 1963.

Gewirth, Alan. *Self-Fulfillment*. Princeton, NJ: Princeton University Press, 1998.

Ghiselin, Brewster. ed. *The Creative Process*. New York: New American Library, 1952.

Gleick, James. Genius: *The Life and Science of Richard Feynman*. New York: Vintage Books, 1992.

Godfrey-Smith, Peter. *Theory and Reality*. Chicago: University of Chicago Press, 2003.

Goethe, Johann Wolfgang Von. *Faust: A Tragedy*, trans. Walter Arndt, edited by Cyrus Hamlin. New York: W. W. Norton, 1975.

Goldberg, Phyllis. "Creeping Toward Inclusivity in Science." pp. 7-15 in *Women in Science and Engineering: Choices for Success*, edited by Cecily Cannan Selby, New York: New York Academy of Science, 1999.

Goldsmith, Barbara. *Obsessive Genius: The Inner World of Marie Curie*. New York: W. W. Norton, 2005.

Goldstein, David. "Richard P. Feynman, Teacher." In *"Most of the Good Stuff": Memories of Richard Feynman*, edited by Laurie M. Brown and John S. Rigden. New York: Springer Verlag, 1993.

Goleman, Daniel. *Emotional Intelligence*, New York: Bantam, 1998.

Goleman, Daniel, Richard Boyatzis, and Annie McKee. *Primal Leadership: Realizing the Power of Emotional intelligence*. Boston, MA: Harvard Business School Press, 2002.

Goliszek, Andrew. *In the name of Science*. New York: St. Martin's Process, 2003.

Goodman, Allegra. *Intuition*. New York: Dial Press, 2006.

Graham, Loren R. *The Ghost of the Executed Engineer*. Cambridge, MA: Harvard University Press, 1993.

Greenspan, Nancy Thorndike. *The End of the Certain World: The Life and Science of Max Born*. New York: Basic Books, 2005.

Greenstein, George. *Portraits of Discovery: Profiles in Scientific* Genius. New York: John Wiley and Sons, 1998.

Gribbin, John. *The Scientist*. New York: Random House, 2002.

Haidt, Jonathan. *The Happiness Hypothesis*. New York: Basic Books, 2006.

Hanson, Norwood Russell. *Patterns of Discovery*. Cambridge: Cambridge University Press, 1972.

Hardy, G. H. "A Mathematician's Apology." pp. 389–94 in *Genius and Eminence*, 2nd ed., edited by Robert S. Albert, New York: Pergamon Press, 1992.

Harman, Peter, and Simon Mitton, eds. *Cambridge Scientific Minds*. New York: Cambridge University Press, 2002.

Hassard, Jack. *The Art of Teaching Science*. New York: Oxford university Press, 2005.

Herken, Gregg. *Brotherhood of the Bomb: The Tangled Lives and Loyalties of Robert Oppenheimer, Ernest Lawrence, and Edward Teller*. New York: Henry Holt and Company, 2002.

Hickman, Larry A. *John Dewey's pragmatic Technology*. Bloomington: Indiana University Press, 1990.

Hoddeson, Lillian, and Vicki Daitch. *True Genius: The Life and Science of John Bardeen*. Washington, DC: Joseph Henry Press, 2002.

Hodge, Jonathan, and Gregory Radick, eds. *The Cambridge Companion to Darwin*. New York: Cambridge University Press, 2003.

Homer-Dixon, Thomas. *The Ingenuity Gap*. New York: Vintage Books, 2002.

Hooker, Charles and Mihaly Csikszentmihalyi. "Flow, Creativity, and Shared Leadership," pp. 217-34 in *Shared Leadership: Reframing the Hows and Whys of Leadership*, ed. Craig Pearce and Jay A. Conger, Thousand Oaks, CA: Sage Publications, 2003.

Howe, Michael J. A. *Genius Explained*. New York: Cambridge University Press, 1999.

Huizenga, John R. Cold Fusion: *The Scientific Fiasco of the Century*. New York: Oxford University Press, 1993.

Hull, David L. *Science as a Process*, Chicago: University of Chicago Press, 1988.

Hutcheson, Francis, *An Inquiry Concerning Beauty, Order, Harmony, Design*, edited by Peter Kivy, The Hague: Martinus Nijhoff, 1973.

Irwin, Aisling. "An Environmental Fairy Tale: The Molina-Rowland Chemical Equations and the CFC Problem." pp. 87-109 in *It Must Be Beautiful: Great Equations of Modern Science*, edited by Graham Farmelo. London: Granta Books, 2003.

Israel, Paul. *Edison: A Life of Invention*. New York: John Wiley, 1998.

James, Gene G. "Whistle Blowing: Its Moral Justification." pp. 291-302 in *Business Ethics*. 4th ed., edited by W. Michael Hoffman, Robert E. Frederick, and Mark S. Schwartz, Boston: McGraw Hill, 2001.

Jamison, Kay Redfield. *Exuberance: The Passion for Life*. New York: Alfred A. Knopf, 2004.

Janis, Irving L. "Groupthink." *Psychology Today* (November 1971): 271-79.

Janovy, John, jr. *On Becoming a Biologist*. 2nd ed. Lincoln: University of Nebraska Press, 2004.

John-Steiner, vera. *Creative Collaboration*. New York: Oxford University Press, 2000.

Johnson, Deborah G. "Forbidden Knowledge and Science as Professional Activity." *Monist* 79, no. 2 (1996) : 197–217.

Jones, James H. *Bad Blood: The Tuskegee Syphilis Experiment*. New York: Free Press, 1993.

Judson, Horace Freeland. *The Great Betrayal: Fraud in Science*. Orlando, FL: Harcourt, 2004.

Kant, Immanuel. *Practical Philosophy*, trans. and ed. Mary J. Gregor, New York: Cambridge University Press, 1996.

Katz, Ralph, ed. *Managing Professionals in Innovative Organizations*, Cambridge, MA: Ballinger Publishing, 1988.

Kekes, John. *The Art of Life*. Ithaca, NY: Cornell University press, 2002.

____. *Moral Wisdom and Good Lives*. Ithaca, NY: Cornell University Press, 1995.

Keller, Evelyn Fox. *A Feeling for the Organism: The Life and Work of Barbara McClintock*. New York: W. H. Freeman, 1983.

Kellerman, Barbara. *Bad Leadership*. Boston, MA: Harvard Business School Press, 2004.

Kettlewell, Caroline. *Electric Dreams*. New York: Carroll and Graf Publishers, 2004.

Kidder, Tracy. *The Soul of a New Machine*. New York: Avon, 1981.

Kitcher, Philip. *Science, Truth, and Democracy*. New York: Oxford University Press, 2001.

Klemke, E. D., Robert Hollinger, and David Wyss Rudge, eds. *Introductory Readings in the Philosophy of Science*. 3rd ed. Amherst, NY: Prometheus Books, 1998.

Kluger, Jeffrey. *Splendid Solution: Jonas Salk and the Conquest of Polio*. New York: Berkley Books, 2004.

Koertge, Noretta, ed. *Scientific Values and Civic Virtues*. New York: Oxford University Press, 2005.

Koestler, Arthur. *The Act of Creation*. New York: Dell, 1963.

Kopp, Wendy, *One Day, All Children*. New York: Public Affairs, 2003.

Koppang, Haavard, and Mike W. Martin. "On Moralizing in Business Ethics," *Business and Professional Ethics* Journal 23, no. 3 (2004): 107–14.

Kuhn, Thomas S. *The Road Since Structure: Philosophical Essays*, 1970–1993, edited by James Conant and John Haugeland. Chicago: University of Chicago Press, 2000.

____. *The Structure of Scientific Revolutions*. 3rd ed. Chicago: University of Chicago Press, 1996.

Lamb, David. *Discovery, Creativity and Problem-Solving*. Brookfield: Avebury, 1991.

Lang, Berel. *Act and Idea in the Nazi Genocide*. Chicago: University of Chicago Press, 1990.

Lax, Eric. *The Mold in Dr. Florey's Coat*. New York: Henry Holt and Company, 2005.

Levinson, Daniel J. *The Seasons of a Man's Life*. New york Ballantine Books, 1978.

Levi-Strauss, Claude. *The Savage Mind*. Chicago: University of Chicago Press, 1966.

Levitt, Norman. *Prometheus Bedeviled: Science and the Contradictions of Contemporary Culture*. New Brunswick, NJ: Rutgers University Press, 1999.

Lewis, E. E. *Masterworks of Technology: The Story of Creative Engineering, Architecture, and Design*. Amherst, NY: Prometheus Books, 2004.

Lifton, Robert Jay. *The Nazi Doctors: Medical Killing and the Psychology of Genocide*. New York: Basic Books, 1986.

Lightman, Alan. *A Sense of the Mysterious: Science and the Human Spirit*. New York: Pantheon Books, 2005.

Longino, Helen E. *The Fate of Knowledge*. Princeton, NJ: Princeton University Press, 2002.

Lynch, Michael P., ed. *The Nature of Truth*. Cambridge, MA: MIT Press, 2001.

Macfarlane, Gwyn. *Alexander Fleming*. Cambridge, MA: Harvard University Press, 1984.

MacIntyre, Alasdair. *After Virtue*. 2nd ed. Notre Dame, IN: University of Notre Dame Press, 1984.

Maddox, Brenda. *Rosalind Franklin: The Dark Lady of DNA*. New York: Perennial, 2002.

Martin, Mike W. *Meaningful Work: Rethinking Professional Ethics*. New York: Oxford University Press, 2000.

____. "Moral Creativity in Science and Engineering." *Science and Engineering Ethics* 12, no. 3 (2006): 421–33.

____. "Personal Meaning and Ethics in Engineering." *Science and Engineering Ethics* 8 (2002): 545–60.

____. "Paradoxes of Moral Motivation." *Journal of Value Inquiry*. Forthcoming.

____. *Self-Deception and Morality*. Lawrence: University Press of Kansas, 1986.

____. *Virtuous Giving: Philanthropy, Voluntary Service, and Caring*. Bloomington: Indiana University Press, 1994.

Martin, Mike W., and Roland Schinzinger. *Ethics in Engineering*. 4th ed. Boston: McGraw-Hill, 2005.

Mason, John Hope. *The Value of Creativity: The Origins and Emergence of a Modern Belief*. Burlington, VT: Ashgate, 2003.

Matthews, Jay. *Escalante*. New York: Henry Holt, 1988.

McAllister, James W. *Beauty and Revolution in Science*. Ithaca, NY: Cornell University Press, 1996.

_____. "Introduction to Recent Work on Aesthetics of Science." *International Studies in the Philosophy of Science* 16, no. 1 (2002): 7–11.

McElheny, Victor K. *Watson and DNA: Making a Scientific Revolution*. New York: Basic Books, 2004.

McGrayne, Sharon Bertsch. *Nobel Prize Women in Science*. 2nd ed., Washington, DC: Joseph Henry Press, 1998.

_____. *Prometheans in the Lab: Chemistry and the Making of the Modern World*. New York: McGraw-Hill, 2001.

Merton, Robert K. "Making It Scientifically." pp. 213–18 in *The Double Helix*, ed. Gunther S. Stent. New York: W. W. Norton, 1980.

_____. "Priorities in Scientific Discovery." pp. 286–324 in Robert K. Metron, *The Sociology of Science*, ed. Norman W. Storer, Chicago: University of Chicago Press, 1973.

_____. *Social Theory and Social Structure*. New York: Free Press, 1968.

Merton, Robert K., and Elinor Barber. *The Travels and Adventures of Serendipity*. Princeton, NJ: Princeton University Press, 2004.

Midgley, Mary. "Creation and Originality." pp. 43–58 in Mary Midgely, *Heart and Mind: The Varieties of Moral Experience*. New York: St. Martin's Press, 1981.

_____. *Wisdom, Information, and Wonder: What Is Knowledge For?* New York: Routledge, 1989.

Mill, John Stuart. *Autobiography*. New York: Penguin, Books, 1989.

_____. *On Liberty*. Indianapolis, IN: Hackett Publishing, 1978.

Miller, Arthur I. *Insights of Genius: Imagery and Creativity in Science and Art*. Cambridge, MA: MIT Press, 2000.

Monsma, Stephen, C. Christians, E. R. Dykema, L. Arie, S. Egbert, and V. P. Lambert. *Responsible Technology: A Christian Perspective*. Grand Rapids, MI: William B. Eerdmans Publishing, 1986.

Mooney, Chris. *The Republican War on Science*. New York: Basic Books,

2005.

Moriarty, Gene. "Ethics, *Ethos* and the Professions: Some Lessons from Engineering." *Professional Ethics* 4, (1995): 75–93.

Moulthrop, Daniel, Ninive Clements Calegari, and Dave Eggers. *Teachers Have It Easy: The Big Sacrifices and Small Salaries of America's Teachers*. New York: New Press, 2005.

Munson, Ronald. *Intervention and Reflection*. 7th ed., Belmont, CA: Wadsworth, 2004.

Nagel, Thomas. *Mortal Questions*. New york: Cambridge University Press, 1979.

Nasar, Sylvia. *A Beautiful Mind*. New York: Simon & Schuster, 1998.

National Academy of Engineering. http://www.greatachievements.org.

Newbold, Heather. *Life Stories: World-Renowned Scientists Reflect on Their Lives and the Future of Life on Earth*. Berkeley: University of California Press, 2000.

Newton-Smith, W. H., ed. *A Companion to the Philosophy of Science*. Malden, MA: Blackwell, 2000.

Nickerson, Raymond S. "Enhancing Creativity" pp. 392–430 in *Handbook of Creativity*, edited by Robert J. Sternberg, New York: Cambridge University Press, 1999.

Nozick, Robert. *The Examined Life*. New York: Simon & Schuster, 1989.

Pacey, Arnold. *Meaning in Technology*. Cambridge, MA: MIT Press, 1999.

Pais, Abraham. *Subtle Is the Lord: The Science and Life of Albert Einstein*. Oxford: Oxford University Press, 1982.

Parsons, Keith, ed. *The Science Wars*. Amherst, NY: Prometheus Books, 2003.

Pearson, Greg and A. Thomas Young eds. *Technically Speaking: Why All Americans Need to Know More about Technology*. Washington, DC:

National Academy Press, 2002.

Penslar, Robin Levin, ed. *Research Ethics: Cases and Material*. Bloomington: Indiana University Press, 2005.

Perkins, David N. *The Eureka Effect: The Art and Logic of Breakthrough Thinking*. New York: W. W. Norton, 2000.

____. *The Mind's Best Work*. Cambridge, MA: Harvard University Press, 1981.

Peters, Thomas J. "A Skunkworks Tale." pp. 433–41 in *Managing Professionals in innovative Organizations*, edited by Ralph Katz, Cambridge, MA: Ballinger Publishing Company, 1988.

Peters Thomas J., and Robert H. Waterman, *In Search of Excellence Lessons from America's Best-Run Companies*. New York: Warner Books, 1982.

Pfenninger, Karl H., and Valerie R. Shubik, eds. *The Origins of Creativity*. New York: Oxford University Press, 2001.

Pickstone, John V. *Ways of Knowing: A New History of Science, Technology and Medicine*. Chicago: University of Chicago Press, 2000.

Pincoffs, Edmund L. *Quandaries and Virtues*. Lawrence: University Press of Kansas, 1986.

Polanyi, Michael. *Personal Knowledge*. Chicago: University of Chicago Press, 1958.

Popper, Karl R. *The Logic of Scientific Discovery*. New York: Harper and Row, 1965.

Price, Terry L. *Understanding Ethical Failures and Leadership*. New York: Cambridge University Press, 2006.

Quinn, Susan. *Marie Curie: A Life*. Reading, MA: Perseus, 1995.

Rachels, James. *The Elements of Moral Philosophy*. 4th ed. New York: McGraw-Hill, 2003.

Regis, Ed. *Who Got Einstein's Office?: Eccentricity and Genius at the Insti-*

tute for Advanced Study. Reading, MA: Addison-Wesley, 1987.

Rescher, Nicholas. "Forbidden Knowledge: Moral Limits of Scientific Research." pp. 1-16 in Nicholas Rescher, *Forbidden Knowledge and Other Essays on the Philosophy of Cognition*. Dordrecht: D. Reidel Publishing, 1987.

____. *Luck*, Pittsburgh: University of Pittsburgh Press, 1995.

Resnik, David B. *The Ethics of Science*. New York: Routledge, 1998.

Richardson, W. Mark, and Gordy Slack, eds. *Faith in Science: Scientists Search for Truth*. New York: Routledge, 2001.

Ridley, Matt. *Francis Crick: Discoverer of the Genetic Code*. New York: HarperCollins, 2006.

Roberts, Robert C., and W. Jay Wood. "Humility and Epistemic Goods," pp. 257-79 in *Intellectual Virtue*, ed. Michael DePaul and Linda Zagzebski. Oxford: Clarendon Press, 2003.

Roberts, Royston M. *Serendipity: Accidental Discoveries in Science*. New York: John Wiley and Sons, 1989.

Rogers, Carl. "Toward a Theory of Creativity." pp. 296-305 in *The Creativity Question*, edited by Albert Rothenberg and Carl R. Hausman. Durham, NC: Duke University Press, 1976.

Rollin, Bernard E. *Science and Ethics*. New York: Cambridge University Press, 2006.

Rosenberg, Alex. *Philosophy of Science*. 2nd ed. New York: Routledge, 2005.

Rosner, Lisa, ed. *The Technological Fix: How People Use Technology to Create and Solve Problems*. New York: Routledge, 2004.

Rost, Joseph C. *Leadership for the Twenty-First Century*. Westport, Conn.: Praeger, 1991.

Roth, Wolff-Michael, and Angela Calabrese Barton. *Rethinking Scientific Literacy*. New York: Routledge Falmer, 2004.

Rothenberg, Albert, and Carl R. Hausman, eds. *The Creativity Question*. Drurham, NC: Duke University Press, 1976.

Rowland, Sherwood. "Ozone Hole," pp. 134–40 in Life Stories: *World-Renowned Scientists Reflect on Their Lives and the Future of Earth*, edited by Heather Newbold, Berkeley: University of California Press, 2000.

Runco, Mark A., and Steven R. Pritzker, eds. *Encyclopedia of Creativity*. San Diego: Academic Press, 1999.

Runco, Mark A., and Ruth Richards. *Eminent Creativity, Everyday Creativity and Health*. Greenwich, CT: Ablex Publishing Corporation, 1997.

Russell, Bertrand. *The Conquest of Happiness*. New York: Liveright, 1930.

Sagan, Carl. *The Demon-Haunted World: Science as a Candle in the Dark*. New York: Ballantine Books, 1996.

Salmon, M. H., J. Earman, C. Glymour, J. G. Lennox, P. Machamer, J. E. McGuire, J. D. Norton, W. C. Salmon, and K. F. Schaffner, eds. *Introduction to the Philosophy of Science*. Indianapolis, IN: Hackett Publishing, 1992.

Sapienza, Alice M. Managing *Scientists: Leadership Strategies in Scientific Research*. 2nd ed. New York: Wiley-Liss, 2004.

Sartre, Jean-Paul. *Being and Nothingness*, trans. Hazel E. Barnes. New York: Washington Square Press, 1966.

_____. "Existentialism Is a Humanism," trans. P. Mairet. pp. 345–69 in *Existentialism from Dostoevsky to Sartre*, ed. Walter Kaufmann. New York: New American Library, 1975.

Sawyer, R. Keith. *Explaining Creativity: The Science of Human Innovation*. New York: Oxford University Press, 2006.

Scheffler, Israel. *The Anatomy of Inquiry: Philosophical science in the Theory of Science*. Indianapolis, IN: Bobbs-Merrill, 1963.

Schiebinger, Londa. *Has Feminism Changed Science?* Cambridge, MA: Harvard University Press, 1999.

Schon, Donald A. *The Reflective Practitioner: How Professionals Think in Action*. New York: BasicBooks, 1983.

Schweitzer, Albert. *Goethe: Five Studies*, trans Charles R. Joy. Boston: Beacon Press, 1961.

Seebauer, Edmund G., and Robert L. Barry. *Fundamentals of Ethics for Scientists and Engineers*. New York: Oxford University press, 2001.

Selby, Cecily Cannan, ed. *Women in Science and Engineering: Choices for Success*. New York: New York Academy of Sciences, 1999.

Seligman, Martin E. P. *Authentic Happiness*. New York: Free Press 2002.

Sennett, Richard. *The Corrosion of Character: The Personal Consequences of Work in the New Capitalism*. New York: W. W. Norton & Company, 1998.

Shapero, Albert. "Managing Creative Professionals." pp. 215–22 in *Managing Professionals in Innovative Organizations*, ed. Ralph Katz. Cambridge, MA: Ballinger Publishing, 1988.

Shapiro, Gilbert. *A Skeleton in the Darkroom: Stories of Serendipity in Science*. San Francisco: Harper & Row, 1986.

Shapiro, Harold T. *A Larger Sense of Purpose: Higher Education and Society*. Princeton, NJ: Princeton University Press, 2005.

Shattuck, Roger. *Forbidden Knowledge*. San Diego: Harcourt Brace & Company, 1996.

Shekerjian, D. *Uncommon Genius*. New York: Penguin Books, 1990.

Shrader-Frechette, Kristin. *Ethics of Scientific Research*. Lanham, MD.: Rowman & Littlefield, 1994.

Sidgwick, Henry. *The Methods of Ethics*. 7th ed. Chicago: University of Chicago Press, 1962.

Simon, Bart. *Undead Science: Science Studies and the Afterlife of Cold*

Fusion. New Brunswick, NJ: Rutgers University Press, 2002.

Simon, Stephanie. "Their Own Version of a Big Bang." *Los Angeles Times* (February 1, 2006): 1, 16.

Simonton, Dean Keith. *Creativity in Science*. New York: Cambridge University Press, 2004.

____. *Origins of Genius: Darwinian Perspectives on Creativity*. New York: Oxford University Press, 1999.

Singer, Peter. "Ethics and the Limits of Scientific Freedom." *Monist* 79, no. 2 (1996): 218–29.

Singer, S. Jonathan. *The Splendid Feast of Reason*. Berkeley: University of California Press, 2001.

Sinsheimer, Robert L. "*Review of The Double Helix*." pp. 191–94 in *The Double Helix*, ed. Gunther S. Stent. New York: W. W. Norton, 1980.

Slote, Michael. *Goods and Virtues*. Oxford: Clarendon Press, 1983.

Smith, Adam. *An Inquiry into the Nature and Causes of the Wealth of Nations*. New York: Oxford University Press, 1976.

Smith, J. S. *Patenting the Sun: Polio and the Salk Vaccine*. New York: William Morrow and Company, 1990.

Stangroom, Jeremy, ed. *What Scientists Think*. New York: Routledge, 2005.

Statman, Daniel. "Introduction" pp. 1–34 in *Moral Luck*, ed. Daniel Statman. Albany: State University Press of New York, 1993.

Steiner, G. A. *The Creative Organization*. Chicago: University of Chicago Press, 1965.

Stent, Gunther S. "Meaning in Art and Science." pp. 31–42 in *The Origins of Creativity*, ed. Karl H. Pfenninger and Valerie R. Shubik. New York: Oxford University Press, 2001.

Sternberg, Robert J., ed. *Handbook of Creativity*. New York: Cambridge

University Press, 1999.

____. ed. *The nature of Creativity*. New York: Cambridge University Press, 1988.

____. "Wisdom and Its Relations to Intelligence and Creativity." pp. 142–59 in *Wisdom: Its Nature, Origins, and Development*, edited by Robert J. Sternberg, New York: Cambridge University Press, 1990.

____. *Wisdom, Intelligence, and Creativity Synthesized*. New York: Cambridge University Press, 2003.

Sternberg, R. J., and J. E. Davidson, eds. *The Nature of Insight*. Cambridge, MA: MIT Press, 1995.

Sternberg, Robert. J., and Jennifer Jordan, eds. *A Handbook of Wisdom: Psychological Perspectives*. New York: Cambridge University Press, 2005.

Steup, Matthias, ed. *Knowledge, Truth, and Duty: Essay on Epistemic Justification, Responsibility, and Virtue*. New York: Oxford University Press, 2001.

Stevenson, Robert Louis. Dr. *Jekyll and Mr. Hyde*. New York: Bantam, 1981.

Stout, Jeffrey. *Ethics After Babel: The Languages of Morals and Their Discontents*, rev. ed. Princeton, NJ: Princeton University Press, 2001.

Sumner, L. W. *Welfare, Happiness, and Ethics*. Oxford: Clarendon Press, 1996.

Taubes, Gary. Bad Science: *The Short Life and Weird Times of Cold Fusion*. New York: Random House, 1993.

Taylor, Charles. *The Ethics of Authenticity*. Cambridge, MA: Harvard University press, 1992.

Thoreau, Henry David. *Walden and Civil Disobedience*. New York:

Penguin, 1983.

Tiles, Mary & Hans Oberdiek. *Living in a Technological Culture*. London: Routledge, 1995.

Tobin, Kenneth, Rowhea Elmesky, and Gale Seiler eds. *Improving Urban Science Education*. Lanham, MD: Rowman & Littlefield, 2005.

Tomas, Vincent. "Introduction." pp. 1–3 in *Creativity in the Arts*, edited by Vincent Tomas, Englewood Cliffs, NJ: Prentice-Hall, 1964.

Trilling, Lionel. *Sincerity and Authenticity*. Cambridge, MA: Harvard University Press, 1971.

Vincenti, Walter G. *What Engineers Know and How They It*. Baltimore, MD: Johns Hopkins University Press, 1990.

Wadman, Meredith. "One in Three Scientists Confess to Having Sinned." *Nature* 435 (June 9, 2004): 718–19.

Walker, Margaret Urban. *Moral Contexts*. Lanham, MD: Rowman & Littlefield, 2003.

Wallace, James D. *Moral Relevance and Moral Conflict*. Ithaca, NY: Cornell University Press, 1988.

Waller, J. *Einstein's Luck: The Truth Behind Some of the Greatest Scientific Discoveries*. New York: Oxford University Press, 2002.

Walpole, Horace. Letter to Horace Mann, January 28, 1954. pp. 407–11 in *The Yale Edition of Horace Walpole's Correspondence*, edited by W. S. Lewis. New Haven, CT: Yale University Press, 1937–1983, vol. 20.

Warnock, Mary. *Nature and Morality: Recollections of a Philosopher in Public Life*. New York: Continuum, 2003.

Washburn, Jennifer. *University, Inc.: The Corporate Corruption of American Higher Education*. New York: Basic Books, 2005.

Watson, James D. *The Double Helix*, pp. 3–133 in *The Double Helix*, ed. Gunther S. Stent, New York: W. W. Norton, 1980.

Weber, Max. "Science as a Vocation." pp. 1–31 in *The Vocation Lectures*, trans. Rodney Livingstone, edited by David Owen and Tracy B. Strong. Indianapolis, IN: Hackett Publishing 2004.

Weinberg, Alvin M. "Can Technology Replace Social Engineering?" *University of Chicago Magazine 59* (October 1966): 6–10.

Weisberg, Robert W. *Creativity: Genius and Other Myths*. New York: W. H. Freeman and Company, 1986.

Welch, Jack with John A. Byrne. *Jack: Straight From the Gut*. New York: Warner Books, 2001.

Wells, H. G. *Meanwhile*. London: Ernest Benn Limited, 1927.

Whitbeck, Caroline. *Ethics in Engineering Practice and Research*. New York: Cambridge University Press, 1998.

Williams, Bernard. *Ethics and the Limits of Philosophy*. Cambridge, MA: Harvard University Press, 1985.

_____. *Moral Luck*. New York: Cambridge University Press, 1993.

_____. "Persons, Character and Morality," pp.1–19 in Bernard Williams, *Moral Luck*. New York: Cambridge University Press, 1981.

Williams, Wendy M., and Lana T. Yang. "Organizational Creativity," pp. 373–91 in *Handbook of Creativity*, edited by Robert J. Sternberg, New York: Cambridge University Press, 1999.

Wilson, Edward O. *Consilience: The Unity of Knowledge*. New York: Vintage Books, 1996.

Wolf, Susan. "Happiness and Meaning: Tow Aspects of the Good Life," pp. 207–25 in *Self-Interest*, edited by Ellen Frankel Paul, Fred D. Miller, Jr., and Jeffrey Paul. New York: Cambridge University Press, 1997.

Wolpert, Lewis, and Alison Richards. *Passionate Minds: The Inner World of Scientists*. New York: Oxford University Press, 1997.

Young-Bruehl, Elisabeth. *Creative Characters*. New York: Routledge,

1991.

Zagzebski, Linda Trinkaus. *Virtues of the Mind*. New York: Cambridge University Press, 1996.

Zygmont, Jeffrey. *Microchip: An Idea, Its Genesis, and the Revolution It Created*. New York: Perseus Publishing, 2003.

찾아보기

|ㄴ|

|ㄷ|

|ㄹ|

|ㅁ|

|ㅂ|

|ㅅ|

|ㅇ|

|ㅈ|